## SIGLES ET ABRÉVIATIONS

Dans les références des textes cités, autres que ceux des *Cahiers*, la pagination et les sigles renvoient à la répartition des œuvres telle que l'a procurée Jean HYTIER dans la « Bibliothèque de la Pléiade » :

| | | |
|---|---|---|
| I et II | *Œuvres*. I et II (Paris, Gallimard, 1957 et 1961) | [*Œ*, I *et* II] |
| Ch | *Charmes* | [I] |
| D | *Dialogues* | [II] |
| E | « *Eupalinos* » | [D ; II] |
| IF | « *L'Idée fixe* » | [D ; II] |
| MF | « *"Mon Faust"* » | [D ; II] |
| MT | *Monsieur Teste* | [II] |
| PA | *Pièces sur l'art* | [II] |
| TQ | *Tel Quel* | [II] |
| V | *Variété* | [I] |

C      *Cahiers* (fac-similé), tomes I à XXIX (Paris, C.N.R.S., 1957–1962).
      (les extraits cités sont retranscrits et non typographiquement édités)
C1 et C2  *Cahiers I* et *II*. Édition [d'un choix de textes] par Judith ROBINSON (Paris, Gallimard, 1973 et 1974).
LQ     *Lettres à quelques-uns*. Paris, Gallimard, 1952.

Bull. ÉV  *Bulletin des Études valéryennes* (Montpellier, Centre d'études valéryennes, 1974→).
CPV    *Cahiers Paul Valéry* (Paris, Gallimard, 1975→).
PV1    *Paul Valéry 1...* Série *Paul Valéry* de *La Revue des lettres modernes*. (1974→).

À l'intérieur d'un même paragraphe, les séries continues de références à un même texte sont allégées du sigle commun initial et réduites à la seule pagination ; par aillleurs les références consécutives à une même page ne sont pas répétées à l'intérieur de ce paragraphe.

Toute citation formellement textuelle (avec sa référence) se présente soit hors texte, en caractère romain compact, soit dans le corps du texte en *italique* entre guillemets, les soulignés du texte d'origine étant rendus par l'alternance romain/*italique* ; mais seuls les mots en PETITES CAPITALES y sont soulignés par l'auteur de l'étude. Le signe * devant une séquence atteste l'écart typographique (*italiques* isolées du contexte non cité, PETITES CAPITALES propres au texte cité, interférences possibles avec des sigles de l'étude) ou donne une redistribution *|entre deux barres verticales| d'une forme de texte non avérée, soit à l'état typographique (calligrammes, rébus, montage, découpage, dialogues de films, émissions radiophoniques...), soit à l'état manuscrit (forme en attente, alternative, options non résolues...).

ISBN 2-256-90399-0
Produit en France

# INTRODUCTION

**D**ÉJÀ solidement établie au moment de sa mort en 1945, la réputation de Paul Valéry-poète n'a connu aucun purgatoire littéraire prolongé. *La Jeune Parque* et *Charmes* représentent des points culminants de la génération post-symboliste, des chefs-d'œuvre de la versification à forme fixe, et l'expression d'une manière unique d'exister et de percevoir. Et pourtant, le dossier «Poèmes et petits poèmes abstraits»[1], qui constitue l'une des trente et une classifications des *Cahiers* établies par Valéry lui-même, a éclairé un domaine très peu connu de l'œuvre du poète. Certes, Valéry publie de son vivant un certain nombre de poèmes en prose, et diverses rubriques qui figurent dans les «Histoires brisées», *Tel Quel*, et *Mélange* réunissent un fonds important de morceaux lyriques tirés des *Cahiers*. Si ces derniers, de par leurs dimensions mêmes, ont jusqu'ici tendu à empêcher que le Valéry-poète en prose soit pleinement reconnu, une lecture attentive des *Cahiers* n'en révèle pas moins un grand ensemble de textes d'une tonalité lyrique incontestable, écrits spontanément au cours de méditations et de diverses activités créatrices. L'une des qualités les plus remarquables de la classification «Poèmes et PPA», c'est de nous avoir indiqué en un choix de textes les directions générales de la pensée valéryenne, et d'avoir plus particulièrement confirmé la lecture poétique de nombreux passages dont la «poésie» était jusque-là forcément fondée sur des critères subjectifs.

3

Mis à part le jugement quelque peu dépréciatif[2] porté par Valéry sur les quelques textes publiés comme «poèmes abstraits» pendant sa vie, les «Poèmes et PPA» n'ont ainsi aucun besoin d'apologie comme créations occasionnelles d'importance secondaire. Dans le contraste évoqué par le titre lui-même, entre la notion de poésie — la puissance «charmeuse» de la langue et son substrat émotionnel — et les raisonnements complexes de la pensée, les «Poèmes et PPA» reflètent la bipolarité essentielle du tempérament de Valéry, constamment sollicité par les exigences humaines de la sensibilité, comme par un penchant non moins inné à les équilibrer par la clarté et la rigueur intellectuelles.

De cette façon, les «Poèmes et PPA» projettent l'image en microcosme de ces forces mutuellement incompatibles et pourtant profondément interdépendantes qui sont à la base de tant d'interrogations et d'analyses des *Cahiers*. Pour cette raison seule, les textes méritent une étude approfondie, puisqu'ils figurent la trouble dialectique qui informe une si grande partie de l'œuvre. Cette valeur largement représentative du dossier est accentuée davantage par la gamme très étendue des thèmes et des motifs qui sont développés. Mais par cette diversité même, les textes tendent à dépasser le cadre étroit de leur groupement, et suggèrent une acception plus large de la notion de poésie que celle que l'on retrouve dans les déclarations théoriques d'autres contextes. L'application stricte des théories du poète sur la poésie aux «poèmes» et aux «petits poèmes abstraits» qui sont éparpillés dans les *Cahiers*, risque effectivement de nous persuader de leur déviation. Un texte comme le «*Poème de la Lucidité*» (*C*, VII, 258), ou celui sur les propriétés créatrices du «*désir*» (VI, 547), s'imposent comme des «pièces à thèse», même s'ils ont trait aux «*étranges personnages*» dont Valéry affirme la validité poétique intrinsèque («Poèmes et PPA»; IV, 612). Nous nous rendons vite compte qu'il s'agit d'un lyrisme aux caractères très particuliers, et qui s'applique parfois avec autant de justesse à des passages d'orientation scientifique[3]. Dans leur état primitif, insérés dans la trame créatrice, constamment mobile, des *Cahiers*, les textes peuvent être parfois expliqués soit comme des réactions contre, soit comme des prolongements d'un sentiment ou d'un état d'esprit. Beaucoup d'entre eux ne respectent pourtant pas le mouvement délicat de son et de sens tel que Valéry le définit dans « Poésie et pensée abstraite ». En nous présentant des ouvrages en prose qui, à première vue, semblent être en profond désaccord avec l'accentuation poétique de leur titre, il nous met face au problème de savoir comment adapter à des textes écrits souvent en prose, des définitions poétiques s'appliquant à des vers réguliers.

Cette difficulté d'établir les dimensions précises d'un ensemble de tels textes est révélatrice. En effet, le problème immédiat auquel le lecteur de ces poèmes abstraits se trouve confronté est celui de la nature de la poésie. Lire un « petit poème abstrait », c'est faire une expérience littéraire déconcertante, qui se joue à la fois au niveau de la réception esthétique d'une poésie nouvelle, et à celui de la méthode, de la direction même de la lecture. Abondance de possibilités d'interprétation : faut-il lire les textes pour leur contenu scientifique ? poétique ? au niveau purement abstrait de l'élégance intellectuelle, à l'écart d'une approche trop analytique ? ou bien comme de la prose, d'une richesse suggestive inégalée ? Il est évident qu'on ne saurait facilement concilier un niveau de lecture avec un autre. Perspective d'autant plus problématique que le lyrisme ne se limite pas à des passages où Valéry met l'accent sur l'interprétation poétique d'une situation ou d'un objet donné, puisque certaines des pages les plus scientifiques ou les plus abstraites révèlent un fond d'enthousiasme lyrique dans les possibilités évoquées par l'activité purement intellectuelle.

Aussi cette étude vise-t-elle en premier lieu à montrer la richesse de ce domaine injustement négligé du genre de la prose poétique. Mais elle tente également d'en percer la nature et d'en préciser quelques-unes des caractéristiques. En prenant comme point de départ les théories de Valéry sur le rapport entre la forme et le contenu dans l'art de la poésie, le présent ouvrage considère l'ensemble de textes qu'il définit comme prose poétique à la lumière d'une complémentarité entre des attitudes opposées vis-à-vis de la création : le contraste fondamental entre forme et contenu étant prolongé au niveau de la perception par le conflit entre sensibilité et intellect. Conflit, et pourtant ressemblance : dès les premiers poèmes, la recherche d'un médium littéraire qui soit capable d'exprimer la « poésie de l'intellect », s'impose comme une tentative d'intégration et de synthèse qui apparente les longs méandres analytiques de l'esprit aux éclairs créateurs de l'intuition et de l'imagination.

Les attitudes tout à fait nouvelles vis-à-vis de la création poétique qu'introduit Valéry dans le concept de la prose poétique abstraite gravitent autour de ce pivot structural. La composition pendant toute sa vie de textes lyriques au style peu travaillé crée un grand ensemble de morceaux littéraires, dont les caractéristiques poétiques contrastent foncièrement avec le travail de polissage et de ciselure qui est celui de *Charmes*. Le fond spontané, fait d'improvisation, de beaucoup d'entre eux met en évidence la quête d'un mode différent d'expression du moi, mode qui puisse harmoniser des extrêmes de sensibilité et de spéculation abstraite. Cette quête se lie d'emblée à la puissance de suggestion latente de la langue : nous verrons que les « Poèmes et PPA » ébauchent un processus de condensation par lequel un noyau linguistique très réduit peut représenter l'essence de toute une situation ou de toute une expérience.

C'est ainsi que la portée de la prose poétique des *Cahiers* s'élargit pour inclure non seulement la dialectique inquiète qui constitue l'un des fondements primordiaux de toute l'œuvre de Valéry, mais aussi des aspects de son analyse de la langue. On serait peut-être tenté de considérer comme profondément ironique l'importance cruciale de ce qui semble d'abord être des notes écrites au fil de la plume, et qui s'écartent souvent de toute notion de structure littéraire préétablie. Mais à plus d'une reprise, tant dans les *Cahiers* que dans les ouvrages publiés individuellement, Valéry trace les grandes lignes de théories qui s'éloignent des formes littéraires plus classiques, et dont les éléments principaux évoquent souvent l'imbrication d'éléments abstraits et lyriques dans les textes qui joignent la poésie à la prose. Non que des idées soient fermement avancées dans de tels passages, ni des théories définitivement développées ; au contraire, les *Cahiers* nous montrent un Valéry qui avance avec hésitation vers une réalité littéraire difficile à percevoir. Le décalage de ton entre la quête de ce qu'il appelle un «*secret nouveau, secret que je pressens* [...]» (*C*, VI, 553), et les déclarations tranchantes sur l'art de la poésie en tant que tel, est très révélateur. Le «secret» de la prose poétique abstraite s'avère plus récalcitrant, mais en dernière analyse d'une égale importance.

# I

## PROSE OU POÉSIE ? VERS UN « SECRET NOUVEAU »

**D**E par sa dualité, le titre que Valéry propose pour le dossier de prose poétique des *Cahiers*, « Poèmes et PPA », suggère dès l'abord une différence de nature entre « poésie » et un équivalent plus abstrait. Mais comment définir l'état poétique lui-même, dans ce cas particulier ? Les précisions fournies dans des œuvres théoriques telles que « Poésie et pensée abstraite » et les discours de poétique sont fondées sur la distinction prose/vers ; et l'importance donnée à la forme par rapport au contenu intellectuel qu'elle exprime, que celui-ci soit abstrait ou concret, semble en contradiction totale avec le manque général de conformité structurale des « Poèmes et PPA ». D'où une incompatibilité de base qui se creuse entre les prétentions poétiques du titre et la plupart des textes qui s'en réclament.

À bien des égards, pourtant, l'une des approches les plus révélatrices des « Poèmes et PPA » et d'autres textes d'orientation lyrique des *Cahiers* n'en est pas moins l'étude des titres des poèmes en prose eux-mêmes. Ceux qui parmi les « Poèmes et PPA » portent la qualification soit de « poème », soit de « P.P.A. », sont en fait largement minoritaires. Trois des textes de la classification de Valéry qui sont compris dans l'édition des *Cahiers* de la « Bibliothèque de la Pléiade », sont des « poèmes » (*C2*, 1250 ; 1263–5 ; 1276), cinq sont des « petits poèmes abstraits »

(*C1*, 81-2 ; *C2*, 97 ; 742-3 ; 1268 ; 1284), onze sont compris sous le titre soit de « psaume » ou de « prière » (403-4 ; 445 ; 522-3 ; 673-4 ; 1268 ; 1271-2 ; 1277 ; 1278 ; 1284 ; 1288 ; 1290), un est classé comme « P.[etit] P.[oème en] P.[rose] » (1271), deux comme « Chant » ou « Chanson » (1288 ; 1301-2), et un comme « Hai Kai » (1300). Un grand nombre parmi les autres prennent tout simplement le nom du phénomène, de l'élément ou de l'objet qui en forme la matière.

Dans les textes cités ci-dessus, la classification renvoie au caractère poétique ou lyrique, suggérant ainsi une appréciation constante de leur vraie nature. Mais cette attitude invariable envers leur essence poétique est visible surtout dans le nombre d'entre eux qui figurent dans un recueil spécifiquement poétique des *Œuvres*, portant le mot « poésie » dans le titre lui-même. Parmi ces textes quelques-uns prennent une forme invocatoire ou apostrophique (par exemple, *C2*, 1286 ; *C*, XII, 295), de sorte que leur tonalité lyrique est évidente dès le départ. D'autres encore, conçus sous la forme de vers libres (par exemple, *C2*, 1263-5 ; 1279 ; 1293 ; 1297), manifestent leur substance poétique intrinsèque, reconnue par le poète comme « Poésie brute » (*Mélange*) et « Poésie perdue » (*Tel Quel*)[4]. Certains sont néanmoins écrits en prose (par exemple *C*, VIII, 151), ou sous une forme elliptique condensée, et traduisent la notation instantanée d'une intense expérience sensorielle. Aussi le brassage, sous le titre générique de « poésie », de prose et des formes plus ouvertement poétiques associées au vers libre, se reflète-t-il dans trois recueils lyriques entièrement séparés.

L'examen des titres peut révéler encore davantage. Valéry range sous « poésie » des morceaux écrits en prose, comme dans les exemples cités ci-dessus, mais parfois hésite à classer un texte donné comme « poésie » ou « prose ». Ainsi, un titre poétique dans les *Cahiers* ne se retrouve-t-il pas dans les œuvres publiées — par exemple : « *Le Poème du Pont de Londres* » (*C*, XII, 428),

10

qui figure dans « Choses tues » (*TQ*, 512-4) tout simplement comme « *London-Bridge* »[5] — ; ou, au contraire, des passages dans les *Cahiers* peuvent rétrospectivement recevoir une classification poétique ou être inclus sous des rubriques spéciales de poésie dans les *Œuvres*[6]. On peut imputer à cette même tendance l'incertitude qui souvent caractérise le classement de passages des *Cahiers*, et qui conduit à la désagrégation de catégories conçues de façon suivie à travers les *Cahiers* eux-mêmes comme des unités de thèmes et de structure : à savoir, les « Psaumes » et les « Nocturnes ».

De telles hésitations mènent loin. À plusieurs reprises dans les *Cahiers*, Valéry pose les premiers jalons d'un nouveau genre de littérature, analysé longuement dans un texte spécifique : « *Vingt fois depuis trois mois j'ai cru saisir un des secrets de l'art* » (*C*, VI, 552-4). Ce « *secret nouveau* » est de toute première importance lorsque l'on aborde la prose poétique des *Cahiers*. Comme on pourrait s'y attendre d'après ses nombreuses délibérations théoriques sur l'art de la poésie, Valéry continue à mettre l'accent sur l'équilibre entre la substance et la forme du texte. Mais les lois de la régularité auditive qui gouvernent les formes poétiques versifiées cèdent la place à un système intellectuel de proportions métriques, qui lui-même constituera désormais la nouvelle musique de l'abstrait. Tout un « petit poème abstrait » (VII, 78), publié dans *Rhumbs* (*TQ*, 602-3) sans désignation poétique mais accompagné d'autres « Poèmes et PPA », traite de cette « association d'idées » et de son lyrisme potentiel. Valéry part à la recherche d'un style qui reposerait sur une dialectique constante entre ce qui s'organise intellectuellement et ce qui est engendré spontanément sous des impulsions lyriques : « *Le diable c'est que le style est de trouver ce qui est à la fois juste et impossible à prévoir* » (*C*, VI, 553).

Un tel style détiendrait sa propre nécessité lyrique ; ponctué à la fois par le langage et son substrat émotif, comme par une sorte de configuration et de méthode mathématiques, il maintiendrait l'équilibre en construisant un contour précis dans lequel l'affectivité pourrait être canalisée. Une œuvre à la fois abstraite et pourtant profondément poétique en résulterait — à l'image, ajoute Valéry, de la systématisation logique de la mélodie et du contrepoint dans l'équivalent musical de la fugue (*C*, VI, 554). Les «*pages*» individuelles d'un «*livre en construction*», comparées à celles de «*traités d'algèbre où paroles et expressions algébr.[iques] alternent*», s'accumulent dans de nombreux exemples à travers la spéculation littéraire valéryenne. Ainsi, les «*longues suites de noms de nombres*» (*MT*, 23) s'imposent-elles «*comme une poésie*» à l'esprit de l'interlocuteur de Monsieur Teste. De même, un texte qui figure à la fois dans le dossier «Éros» et dans celui des «Poèmes et PPA» (*C*, VIII, 310), traduit le mouvement lyrique par le processus arithmétique de la multiplication, par lequel «*les cœurs*» en tant que multiplicande ont un rapport tantôt augmentatif, tantôt diminutif avec «*les corps*» en tant que multiplicateur. En un sens, l'équilibre textuel de tels poèmes en prose, où éléments littéraires et non-littéraires s'enchaînent, peut être interprété comme relevant d'une dichotomie d'attitudes envers le moi et le monde extérieur. Et pourtant, le *secret nouveau* découle d'une technique artistique grâce à laquelle le poète peut exprimer une plénitude de sentiments, qui reflète la réaction de l'esprit et du corps à des situations ou des stimuli précis. C'est peut-être cette sensation de totalité et de quiétude, ces perspectives équilibrées, qui distinguent les plus réussis des «Poèmes et PPA» de textes analogues dans les *Cahiers*. Alors que quelques-uns des textes lyriques nous donnent l'impression d'imposer inopinément des thèmes abstraits à une situation sensorielle ou émotive qui ne leur convient pas, un nombre important de textes «abstraitement lyriques» réussit à intégrer étroitement de tels éléments disparates, enrichissant par là notre compréhension du moi et de son rapport avec le monde, dans un langage aux trouvailles parfois étonnamment neuves.

On peut facilement imaginer les possibilités créatrices d'un tel genre, fondé sur la synthèse des deux pôles du tempérament valéryen. Mais les implications du *secret nouveau*, bien que ce dernier soit très tôt mis à l'œuvre – le premier des «Poèmes et PPA» (*C2*,1245) date de 1894, suivant de près la «Nuit de Gênes» –, ne sont pas immédiatement comprises. Valéry parle rarement dans les *Cahiers* de la nature de sa poésie abstraite; c'est dans un autre contexte, avec des buts apparemment différents, celui de la «Comédie Intellectuelle», qu'il élève au niveau de principes méthodologiques certaines caractéristiques fondamentales de ce qu'il appellera de plus en plus le «*poème de l'Intellect*» (*M*,311). L'étude sur Descartes dans les «Études philosophiques», et le passage célèbre de «Note et digression» qui analyse la vraie nature du génie de Léonard de Vinci, se fondent sur la notion de «sensibilité intellectuelle». L'importance de cette dernière en tant que principe créateur d'une poésie abstraite écrite en prose se voit confirmée par une remarque des *Cahiers* sur les «petits poèmes abstraits» (*C*,XXIV,575), et qui applique cette notion aux changements dramatiques de modes de création littéraire ébauchés dans les observations de l'un des Cahiers (VI, 552-4). Valéry énonce ainsi quatre principes d'importance centrale pour une meilleure compréhension des «Poèmes et PPA». On y trouve d'abord et avant tout l'association d'importance primaire de l'intellect avec la poésie en général et le lyrisme en particulier : «[...] *il n'y a pas de matière poétique au monde* [...] *plus riche* [...] *la vie de l'intelligence constitue un univers lyrique incomparable* [...]» (*V*, 796); le rapport étroit entre la perception de certaines situations intellectuelles et l'outil matériel de la langue par lequel elles sont exprimées; l'accent mis sur la nature théâtrale de l'expérience intellectuelle : «[...] *un drame complet* [...] *Ce monde de la pensée* [...] *est aussi surprenant par les coups de théâtre et l'intervention du hasard* [...] *que le monde de la vie affective* » (*V*, 796-7) ; et la révélation d'une telle expérience comme un chemin vers la pureté à travers certaines *«voies abstraites»*. Chacun de ces aspects mérite d'être examiné de plus près.

## lyrisme de l'intellect

Au cours de l'essai sur les *Cantiques spirituels* de saint Jean de la Croix, Valéry développe la notion de «sensibilité intellectuelle», et conclut : *«La pensée pure a sa poésie»* (*V*, 449). L'accent mis sur la pureté, mot clé dans de nombreux poèmes en prose, indique que le lyrisme des «Poèmes et PPA» s'associe intimement à des extrêmes de conscience, tant de la sensibilité que de l'intellect. L'«*oreille délicate*» (*C2*, 1247) accordée aux nuances de son les plus fines, est pleinement mise à l'épreuve dans des textes qui se situent aux confins de la perception poétique, et qui sont orientés vers la *«musique qui est en moi, / La musique qui est dans le silence, en puissance»* (1267). Pourtant, le lyrisme poétique, à l'écoute des éléments les plus ténus qui soient perceptibles à la conscience affective et sensorielle, est en même temps la quête d'un état de «disponibilité» intellectuelle totale qui puisse saisir les motifs abstraits *«qui s'écartent si étrangement vers les profondeurs de notre possible»* (*V*, 797). Cela, bien entendu, est le concept qui anime toute la prose poétique des *Cahiers*, et quelques-uns des poèmes explorent les qualités lyriques de thèmes abstraits, avec des degrés variables de réussite. Mais le lyrisme complet naît uniquement de la conscience la plus aiguë : les «Poèmes et PPA» peuvent être considérés comme toute une série de moments privilégiés, au cours desquels les récepteurs normaux de la perception sont approfondis et extraordinairement affinés. L'ondulation délicate de la lumière naissante, par exemple, peut être perçue seulement en termes musicaux : *«La première gamme sur toute l'étendue du clavier [...]»* (*C2*, 1265), et l'intensité d'expérience amène souvent la fusion de registres auditifs et visuels : «*Les oiseaux piaillent.* [...] *Cette naissance du détail et des rapports internes de l'ensemble que marquent les colorations distribuées est très musicale.*» (*C,* XVI, 272). La combinaison qui en résulte peut être utilisée comme un moteur puissant du souvenir : «[...] *cette aube d'Avignon qui filtre et la cloche dans l'air* [...] *lumière et son me remettent à l'ex-existence — C'est-à-dire à une combinaison de jeunesse-tristesse bien connue.*» (XV, 559).

L'emploi de la synesthésie dans les «Poèmes et PPA» s'apparente directement à la création de la poésie à partir d'un cadre en prose parfois très abstrait. Mais le son peut devenir tellement intense qu'il est substantifié ; dans de tels cas, le lyrisme qui naguère naissait d'éléments intellectuels et émotifs mis en équilibre peut frôler l'inexprimable : «[...] *je ne trouve que l'inexplicable en soi, le bruit, la sensation impénétrable...*» (*C2,* 1284).

## langue et abstraction

La langue dans les «Poèmes et PPA» est d'un très grand intérêt, en raison de ce qu'elle peut et ne peut pas exprimer de la perception brute. Une forme littéraire qui soit à la fois logique, conséquente et pourtant capable de reproduire le brusque éclair d'impulsions sensorielles ou affectives, est une forme qui requiert une puissante capacité expressive. Il est symptomatique que le poète considère souvent l'aube dans les «Poèmes et PPA» comme une renaissance, mais aussi comme la recréation de valeurs sémantiques et linguistiques : «*Les noms se sont posés définitivement sur les choses. / Ce qui va être se débrouille et se dégage*» (*C2,* 1299). Car c'est à l'aube que la puissance créatrice de la langue, comme aussi de l'intellect lui-même, atteint son stade le plus générateur et le plus inchoatif. Ainsi, fort du discernement qui lui vient de la maturité, Valéry réduira progressivement la distance qui sépare l'objet de l'appellation, la forme du contenu.

Quelques-uns des «Poèmes et PPA» les plus réussis, portant également les sigles d'«Éros» et de «Thêta», prennent comme matière des instants d'expérience appréhendés dans leur essence irréductible en une forme verbale elle-même condensée et parfois télégrammatique. Mais même ailleurs, le poète demande fréquemment à la langue de décrire des sensations complexes, dont l'intensité dépasse les caractéristiques essentiellement référentielles des mots. Le processus d'expression du moi va parfois jusqu'à exiger le recours au mélange de formes artistiques différentes, comme si l'une d'entre elles ne suffisait plus :

> [...] Heureux celui que l'écriture soulage !
> L'homme répond de toutes ses réponses, s'exonère par tous moyens.
> Dessine, peint, − surexcite son dictionnaire.
> Pourquoi ce besoin d'expression ? Qui le ressent ?
> Communiquer. Faire durer. Fixer. Égaler. Reconstituer −
>
> (*C2*, 1257)

Tout un poème, «*Psaume M*» (*C2*,1278) évoque les variations dans la puissance sémantique des mots. Dans l'analyse de l'esprit et de la pensée abstraite, les mots risquent de perdre de leur accessibilité en se conformant trop aux exigences nécessairement élevées de la réflexion «abstraite», qu'ils cherchent eux-mêmes à pénétrer et à extérioriser. De cette façon, le texte peut devenir tout aussi impénétrable que les premiers aperçus de la vérité philosophique ou poétique. La grande complexité de certains «Poèmes et PPA» menace parfois de nous dérouter, aussi bien en tant que projection lyrique de la pensée, qu'en tant qu'ouvrage poétique rigoureusement soutenu. Celui-ci d'ailleurs ne constitue pas l'unique danger. De même que la volonté de «*Pouvoir écrire sa pensée*» (*C*,I,467-8) peut échouer désespérément sur une résistance, de même le lyrisme engendré par la réflexion abstraite peut tomber mystérieusement en proie aux déchirures internes. Celles-ci, bien entendu, ne s'imposent pas entièrement ; mais jusqu'à un certain point, la puissance créatrice

16

de la poésie en prose dépend de la conscience continuelle à l'intérieur du moi, du rien fragile qui sépare la créativité de la stérilité, le potentiel lyrique du silence. Cette conscience, elle-même reflet de l'alternance du mouvement engendré par la sensibilité et le fonctionnement de l'esprit, « Être » et « Connaître », se prête de plus en plus à l'expression en forme de dialogue, à la traduction par des voies lyriques différentes. D'où l'allure théâtrale de certains textes ; le ton interrogateur du moi en sort parfois très accentué, tendance à laquelle pourtant fait contrepoids le regard que porte le poète, dirigé vers des objets ou des phénomènes physiques.

### voix et dialogue : la « Comédie de l'Intellect »

Le rapport lyrisme—drame dans l'esprit de Valéry n'est peut-être pas évident si l'on n'applique pas à l'un comme à l'autre l'accent mis souvent par le poète sur l'importance de la voix humaine. Dans « Littérature », Valéry définit le lyrisme comme « *le genre de poésie qui suppose la* voix en action — *la voix directement issue de, ou provoquée par,* — *les choses que l'on voit ou que l'on sent comme* présentes » (*TQ*, 549). Rien de très original à ce que des voix, engendrées par des objets ou des éléments, stimulent la voix du poète. Ce qui distingue l'attitude de Valéry, c'est l'importance accordée à l'absorption ravie dans les objets de la conscience perceptive, laquelle doit être fondée sur une telle plénitude d'identification entre le moi et le monde extérieur, que le poète se sent devenir le porte-parole de l'objet de sa contemplation. Puisque la poésie constitue ainsi, dans l'une de ses significations les plus profondes, la perception de l'essence de son objet, plusieurs des textes en prose poétique des *Cahiers* prennent comme point de départ l'étude de la voix humaine, et donc du discours fréquemment engendré par des aspects différents du moi. Un texte non classé des *Cahiers* (*C*, IV,

684), intitulé «*Psaume sur une voix*» dans «Autres Rhumbs» (*TQ*,682), évoque la «*délicatesse du son pur*» de la voix, et la «*sorte de murmure / En français infiniment pur*» qui la caractérise — de sorte que le poème, tout entier tendu vers le son de ses propres paroles, devient son propre objet, en réalisant le stade préalable de cet unique composé qu'est la prose poétique, dans un mouvement concerté vers l'intégration du fond et de la forme.

Mais de telles concordances ne se produisent pas souvent. L'opposition même esprit/corps, moi conscient/substance inerte, favorise le fondement théâtral du dialogue. La tension créatrice des divers constituants du *secret nouveau* de la prose poétique tenant essentiellement du drame, le sentiment de communion ou de conflit du moi avec lui-même prend une ampleur considérable dans les «Poèmes et PPA». Un passage des *Cahiers*, qui traite de l'affinité paradoxale des notions philosophiques de l'Être et du Non-Être évoque la comédie pour exprimer leur rapport : «*Tout ce qui est de l'esprit est comédie. Ceci n'est pas une remarque morale, mais descriptive. Connaître = n'être pas ce que l'on est. Et n'être pas ce que l'on est, est possible, est réalisable par des actes et des attitudes. L'image de quoi est une comédie*» (*C*,IX,907).

L'élucidation des composants de la «Comédie de l'Intellect» ne reste pas toujours à un niveau froidement rationnel. Le soupçon d'anxiété existentielle que contient l'interrogation «*Qui donc es-tu?*» (*C*,XXIX,54) représente le point de départ d'un grand nombre de textes «dramatiques» des *Cahiers*, dans lesquels les possibilités affectives et intellectuelles du monologue et du dialogue sont mises en scène. L'accent mis sur la locution *tout à coup* fait vivement ressortir la nature soudainement troublante d'une extrême interrogation existentielle : «*tout à coup je me dis : mais qui est-ce donc que ceci, Moi? ou non?... Qui es-tu? Quoi est toi?*» (XXVII,631), comme quelque chose de massivement concret qui engage l'intellect et les émotions dans un

18

tourbillon violent de dilemme ontologique. En outre, des caractéristiques textuelles telles que l'accentuation typographique ou la mise en relief de situations ou concepts clés, procédé fréquent dans les «Poèmes et PPA», communiquent le fond émotionnel de l'interrogation philosophique abstraite.

Cette attitude valéryenne à l'égard du moi, selon laquelle celui-ci serait une dualité ontologique, n'est pas sans comporter des tensions intimes. Dans certains des textes en prose poétique, nous assistons à sa désagrégation et aux profondes perturbations psychologiques ou affectives qui en découlent. La prise de conscience brutale, tendue, de l'existence comme un objet non moins matériel que le vent hurlant, accable l'esprit et se substitue à la réflexion :

Il fait un vent vaste et troublé de chutes de pluie qui frôle, ébranle, excite le système nerveux [...]
Il m'éveille dans ma misérable méditation [...] Je regarde toutes choses sous ma lampe − Je suis, je suis.
[...]
Je me sens mon être même comme la principale, unique pensée.

(*C2*, 1276)

L'angoisse peut surgir fréquemment du dialogue du moi au moi ; mais dans beaucoup de textes, Valéry a tendance à placer celui-ci dans une perspective temporelle ou spatiale, qui allège l'abstraction pure par des touches réalistes :

Old thoughts −
  − S'éveillant à l'heure accoutumée,
  mais, une fatigue s'oppose.
  Conflit. Ce oui et ce non −
  qui prend vaguement forme d'une dialogue
  entre moi et moi − Chacun défendant son état −
  Le corps ne peut pas aller jusqu'à s'éveiller totalement
  Et il ne peut pas aller jusqu'à se rendormir,
  Car il *faut au débat un objet, une chose à conquérir*

(*C*, VIII, 457)

Texte intéressant à plusieurs égards : non seulement par l'accent mis sur le dialogue et sur des points de vue profondément divergents à l'intérieur du moi, mais par la suggestion finale de l'existence d'un but unificateur, opposant à tout débat purement subjectif le principe objectif qui seul peut le légitimer. Passage significatif, au surplus, en raison du rapport étroit qui s'établit entre le dialogue comme genre de confrontation avec soi-même, et comme union constructive qui lie le moi, tout divisé qu'il soit, aux phénomènes naturels et au monde extérieur. En vertu de ce lien, le dialogue n'oriente pas toujours les textes écrits en prose poétique vers un surcroît d'introspection. Le flux et le reflux concrets de la perception, souvent sensibles dans la ponctuation ou le flot dialectique de paroles, favorisent la résolution de « voix » ou d'impulsions antagoniques, tout comme la mise en œuvre du ton lyrique unifié qu'implique le *secret nouveau*. À l'interrogation finale : «*A quoi riment Toi et Moi ?*» (*C2*, 1294) répond le lyrisme profond du poème lui-même, dont l'unité matérielle en tant qu'objet sur une feuille de papier réalise, et par un mouvement de retour, est réalisée uniquement par la quête d'une seule voix poétique au milieu de la divergence personnelle et sémantique.

De tels moments sont assez rares, comme en témoignent les dimensions réduites des «Poèmes et PPA», comparés aux autres dossiers du classement des *Cahiers*. L'état d'unité qui lie la forme au contenu, l'«Être» au «Connaître», dans les plus beaux passages de prose poétique, résulte d'un processus de génération spontanée, au cours duquel la puissance poétique latente du dialogue du moi au moi se matérialise : «*Autour d'un verbe, je et moi jouent à cache-cache ; à se saisir*»[7]. Parfois, Je et Moi se rencontrent, et le plein potentiel intellectuel qui constitue la quatrième condition requise pour que s'anime la «Comédie intellectuelle» entre en jeu, dans la quête d'une forme nouvelle de communication, d'expression complète du Moi.

«[...] *ces voies abstraites qui s'écartent parfois si étrangement vers les profondeurs de notre possible* [...]» (*V*, 797) : le *secret nouveau*, une fois sa pleine efficacité lyrique atteinte, ouvre sur une richesse contemplative qui peut transcender une situation donnée, ou utiliser celle-ci comme le fondement d'une enquête sur sa nature et ses caractéristiques mêmes. Les mots clés de tels poèmes sont *pur, diamant, instant.* En effet, la pureté de la réaction à un phénomène donné ou à un ensemble de conditions, que cette réaction soit émotive, sensorielle ou intellectuelle, est avant tout une expérience de l'instantané : la pureté de l'existence perçue comme unité spatiale n'étant pas complète à moins d'être également perçue comme noyau temporel. Plusieurs textes lyriques des *Cahiers* montrent la difficulté qui accompagne toute approche de ce domaine extra-temporel privilégié. Les moments de vision pure découlent souvent de la concentration délibérément exclusive de l'esprit sur des «non-objets» : d'où l'importance d'observations répétées dans les *Cahiers* de mouches, insectes, murs et souches de cheminée. La sensation du temps arrêté est parfois très poignante : «*J'ai levé la tête p.[our] voir un insecte stationnaire qui vibrait, comparable à l'instant, au-dessus de nous. 8000 c[ou]ps d'aile par seconde, et pour ne pas bouger — quel travail pour conserver l'instant!!*» (Cahier «M», nov. 1920–avril 1921, p. 193).

La pureté de l'existence peut être ressentie simultanément à un niveau affectif et purement intellectuel, la dualité inhérente au tempérament du poète étant harmonisée dans un mouvement lyrique qui s'élève jusqu'à la perception ultime de la vérité de sa situation. Dans un texte intitulé «Concerto pour cerveau seul» (*OE*, II, 1520), le lyrisme qu'engendre la pensée pure conduit à des observations sur la nature de la réalité, considérée comme non-significative : «*Parfois, je sens* [...] *tout le goût d'un plaisir de penser pour penser, du penser-pur* [...] *le* réel *de cet état (qui en serait aussi le* parfait*) est aussi impossible à atteindre que le zéro absolu* [...] *Il est clair qu'une construction musicale* pure *ne signifie rien – ne prouve rien, existe comme un corps. Le réel pur ne signifie rien, ne profère rien* [...] *Ce qui est n'a rien à dire* [...] *La sensation pure est ce qu'elle est. Pure, c'est-à-dire qui n'est le signe de rien.* » Aussi Valéry choisit-il un titre («Concerto pour cerveau seul») qui suggère le fonctionnement solitaire de l'esprit, et une forme musicale éminemment concrète, la réalisation de la prose poétique consistant en un compromis entre des attitudes et des forces créatrices fondamentalement opposées. Le genre abstrait de pur intellectualisme que recherche le poète doit être modéré par une conscience plus lyrique pour que le poème naisse en premier lieu. Double nécessité, d'un sens musical qui suive les dictats naturels d'un épanchement lyrique, et d'une capacité d'organisation rhétorique qui formule sa propre architecture poétique au fur et à mesure de sa progression.

L'élément fondamental de toutes ces déclarations théoriques, élément qui différencie le concept de la prose poétique abstraite des ouvrages en vers, c'est la nécessité de combinaison et de compromis des principes mêmes qui sont analysés conséquemment dans les *Cahiers* comme étant irréconciliables. Que ce soit dans les pages des *Cahiers* qui jettent les bases d'un nouveau style littéraire, fondé sur la mise en rapport musical d'idées, ou bien dans les pages des œuvres publiées qui analysent la notion de «sensibilité intellectuelle», le principe animateur reste le même. Les prolongements de cette vue composite de la création littéraire en viendront à jouer un rôle important dans la structure interne des «Poèmes et PPA», surtout en ce qui concerne le jeu des éléments concrets et abstraits, comme celui du rapport de la forme et du contenu. La forme, dans *La Jeune Parque* et dans

*Charmes*, par exemple, tient une place centrale tout autant à cause des exigences techniques de la versification qu'à cause des attitudes du poète à ce sujet. En effet, rythme et strophe y façonnent le contenu en articulant une structure architecturale préétablie, dans laquelle le matériau brut du sujet est cristallisé. Le concept du «petit poème abstrait», où une liberté stylistique diversifiée et une atmosphère d'improvisation remplacent la structure versifiée préexistante, touche au rapport entre fond et forme, en autorisant le mode d'expression propre aux exigences individuelles de chaque situation potentiellement poétique.

Il est vrai que certains ouvrages en prose poétique, surtout ceux qui furent publiés du vivant de Valéry, exigent un travail non moins acharné de précision et de remaniement que celui des vers. Mais en général, le principe de la primauté *a priori* de la versification et du rythme réguliers n'est plus de mise, comme en témoignent beaucoup de morceaux rapidement conçus de cette «poésie brute». L'idéal vers lequel s'orientent les «Poèmes et PPA», c'est un genre littéraire qui soit capable de transcender et d'unifier des éléments du processus créateur, qui par leur nature même sont fondamentalement opposés, dans un mouvement concerté vers la communication d'états d'extrême acuité perceptive. C'est ainsi qu'un point de départ très abstrait peut parfois être animé par la poussée lyrique du texte lui-même, ou qu'une perception concrète peut être approfondie par un état d'esprit abstrait qui lui est étroitement apparenté.

Mais dans quels textes trouve-t-on cette complémentarité de principes concrets et abstraits? Et quels en sont les constituants thématiques principaux? Le contenu du dossier «Poèmes et PPA» appelle une analyse plus poussée.

II

## L'ABSTRAIT ET LE CONCRET

## DANS LES « POÈMES ET PPA »

L'UNE des premières impressions que l'on reçoit à la lecture du dossier «Poèmes et PPA» est certainement celle de sa variété. Quelques passages relatent les événements les plus banals, tandis que d'autres rapportent brièvement le caractère ponctuel d'impressions visuelles, olfactives ou auditives. Cette diversité de la forme va de pair avec une gamme de registres très variée, qui s'étend de l'extraversion à l'introversion et une conscience de soi extrême. Mais ce qui ne change pas, c'est l'étroite interdépendance abstrait—concret : la face concrète de toute expérience se double d'un fond latent complémentaire, dans les textes où est chantée la nature. Car l'univers concret des «Poèmes et PPA» s'impose avant tout comme une expérience de la virtualité, des propriétés secrètes de toutes choses :

Les descripteurs en littérature négligent bien des choses. Qui parle des *ombres des corps*? et qui, du *sol*?
Quant au ciel, s'il intervient souvent, ce n'est pas dans son rôle capital de *surface*, source variable de lumière, et de *volume* apparent où les actes du regard se déploient [...]
Nous sommes comme entourés de virtualités motrices.

(*C*, XXVIII, 772)

Éléments, conditions atmosphériques et cadres abstraits que

l'esprit projette sur son environnement naturel s'entrelacent, se stimulent : les phénomènes naturels sont rarement dissociés de leurs connotations abstraites. Ainsi, les thèmes de l'éveil et du sommeil sont traités en termes de présence et d'absence ; les propriétés de l'intellect sont développées en images de lumière, préparatifs de départ et de cristallisation ; et la phénoménologie de l'être est conçue en termes de dissipation, d'engloutissement et de dialogue schizophrénique opposant l'esprit à lui-même.

Dans un certain nombre de textes qui partent d'un état phénoménologique précis ou d'un enracinement spécifique dans la réalité, le chevauchement de perspectives abstraites ou concrètes accompagne la conscience croissante de la vraie nature de la réalité, qui, aux yeux de Valéry, est instabilité et désordre, dépourvus de sens : «*Rien n'est stable, rien n'a de signification – c'est là le* réel *– le réel n'a point de signification. Toute signification exige un certain point de vue*» (*C*, IX, 553). La vision d'un chaos élémentaire sert de toile de fond à plusieurs des «Poèmes et PPA». La diversité rudimentaire de la réalité conduit à une aliénation des objets et tend à inonder les sens, incapables d'enregistrer toute la gamme d'impulsions qui les assaillent. À l'aube, par exemple, la réalité est vécue sur le mode de la multiplicité saturante. Parfois même, son aspect accablant apparaît comme trop complexe pour une formulation conséquente : «*Cette odeur* [...] *– je* ne sais comment l'exprimer» (*C2*, 1282). Ces problèmes d'expression, qui se répercutent à une échelle très étendue dans la prose lyrique des *Cahiers*, se posent inévitablement quand Valéry cherche les constituants essentiels de toute expérience. Cette quête est l'axe autour duquel gravitent nombre des «Poèmes et PPA». Il n'est pas étonnant qu'au cours de cette recherche les profondeurs de perception qui sont sondées menacent constamment de dépasser des registres normaux de signification : «*Le réel est dépourvu de toute signification et capable de les assumer toutes. Voir vrai, – c'est, – si l'on peut,*

*– voir insignifiant, voir informe. – La chose en soi n'a que l'être* » (*C*, IX, 615). Nous rencontrons ici, bien entendu, la dichotomie de l'«Être» et du «Connaître» qui sert de base conceptuelle à certains poèmes en vers. Ce qui en rend la présentation si vive dans les «Poèmes et PPA», c'est qu'elle est appliquée à des situations poétiques perçues en termes lyriques, mais dont le fond brut n'est pas modifié par le raffinement de son ou de sens, courant dans les formes versifiées. Au niveau élémentaire de la conscience existentielle, les «Poèmes et PPA» tentent de présenter l'objet nu, de percer sa matérialité irréductible. Ainsi, l'univers imaginaire créé par les poèmes est-il souvent privé de sens. L'approche d'un sentiment toujours plus profond de l'être pur appelle la présence dernière de l'objet contemplé qui, dénudé de sa pertinence sémantique, s'impose impérieusement au regard du poète.

Cette hypersensibilité à la présence des choses ne se limite pas à l'espace. Un objet pressenti intensément comme étant présent l'est aussi dans une perspective temporelle, comme par exemple, lorsque le temps est suffisamment suspendu pour qu'un paysage industriel (Billancourt) soit rendu dans sa composition fondamentale par des effets multiples de lumière (*C2*, 1252). Valéry résume ailleurs : «[...] *La sensibilité est d'autre part, variation. Elle crée le présent, – l'éternel présent – l'instabilité constante* » (*TQ*, 755). L'«*éternel présent*» pourtant, ne se prête pas facilement à la formulation linguistique. L'influx chaotique de sensations associé à l'«Être» ne peut qu'être stabilisé et façonné par l'esprit. Une pleine compréhension de la complexité des «Poèmes et PPA» ne se fait qu'une fois reconnu l'obstacle principal à la perception de l'essence des choses : les tendances nécessairement classificatrices de l'esprit lui-même, qui module toute réponse authentique à l'expérience. La fraîcheur initiale de la perception se dissipe alors, victime de l'agencement imposé par la langue. Et pourtant, c'est par les mots que la poésie prend vie. Quelque

27

problématique que soit le rôle joué par la langue, c'est finalement l'intellect qui articule les profondeurs de la perception. De par leur incompatibilité même, les deux concepts de l'«Être» et du «Connaître» sont contraints de collaborer à la formulation de la conscience poétique. Le contraste mais aussi la complémentarité qu'implique leur relation ambiguë est une caractéristique structurale de première importance dans les «Poèmes et PPA».

D'où des aquarelles et des lavis (*C*, XII, 187, 189, 838 ; XIV, 797 ; XV, 644) qui accompagnent plusieurs des poèmes en prose où Valéry suggère très abstraitement l'essence des phénomènes individuels, comme si le passage d'un art à un autre aidait à transposer des sentiments aigus à un niveau plus communicable. Ce processus, tout approximatif qu'il soit par rapport à l'état absolu qui l'inspire, est néanmoins validé par lui-même, l'une des caractéristiques de la beauté aux yeux de Valéry, telle qu'il la définit dans le dossier «Art et esthétique», étant le désir même de la reproduire : «*Il y a beauté quand la vue de l'objet excite à le voir. Il contient de quoi se répéter "indéfiniment" [...]* » (*C2*, 935). Les «Poèmes et PPA» nous montrent que telle ou telle chose ne s'explique pas uniquement par sa consistance interne et ses qualités abstraites, mais aussi par la force avec laquelle elle s'impose à nos sens. «*Une abstraction s'exprimant en termes concrets — c'est la poésie — P[ar] ex[emple] le mouvement*» (*C*, VI, 209) : des thèmes abstraits qui suscitent des sentiments intenses acquièrent en eux-mêmes une résonance poétique. De tels textes remettent en question l'expérience acquise avec laquelle le moi affronte le monde et l'ordonne selon des critères personnels préexistants. Un passage du classement «Philosophie» (*C1*, 616-7) [8] suggère que la déformation que provoque cette expérience acquise ne peut être effacée qu'en essayant de l'abstraire, d'éloigner le moi aussi loin que possible de ses réactions dénaturantes. De là cette contradiction apparente de Valéry, qui pose l'abstraction (nécessairement conçue par l'intellect) comme le préalable à un éveil sensuel complet. Il en va de même de la fascination du reflet, rapportée dans de nombreux contextes[9], mais toujours avec l'intention de prendre ses distances par rapport à un ensemble structuré d'attitudes, qui fait écran entre le monde et le sujet pensant.

Toute lecture des «Poèmes et PPA» qui se borne à la simple confrontation de principes abstraits/concrets est donc inexacte, puisqu'elle néglige la synthèse en direction de laquelle une telle confrontation n'est que le premier pas. Dans la mesure où l'impulsion poétique la plus créatrice provient uniquement de «*la profondeur de l'apparence*» (*C2*, 1285), les «Poèmes et PPA» restent des créations approximatives. Mais l'inadéquation de la perception pure s'inverse souvent en la jouissance indicible de la nécessité intrinsèque des choses — délices que traduisent la disposition typographique des mots, le manque de structure logique ou grammaticale et l'utilisation d'un genre très expressif de pause textuelle. Cet aspect immédiat de l'évocation caractérise beaucoup des poèmes en prose centrés sur l'aube, car c'est souvent dans la demi-lumière que des formules toutes faites sur la «justification» des choses sont remplacées par l'incertitude interrogatrice. Et pourtant, même quand les textes de l'aube sont le plus évidemment centrés sur l'évocation incertaine des sentiments, le jeu subtil et stabilisateur de contraires ne se situe jamais très loin de la surface. «*On sent très profondément* [...]» (*C2*, 1266) : il est vrai que celui-ci est le point de départ de nombreux «Poèmes et PPA», mais la notion de profondeur se traduit normalement en termes opposés — force et fragilité, lumière et ombre, ordre et instabilité — dont la conception tend inévitablement à impliquer l'ampleur créatrice et expansive de l'intellect. De temps à autre, le rythme même du vers libre aide à substantifier le rapport concret/abstrait, et à le réaliser dans une forme immédiatement communicable. L'éclair d'un événement accidentel dans le sombre *continuum* du temps est rendu autant par une grande variation syllabique que par l'image primitive de l'écume évanescente :

[...]
un événement candide sur l'obscur de la mer, ici ou là ;
jamais au même lieu ;
un épisode,
un indice de chocs entre des puissances invisibles
[...] (*C2*, 1291)

Impressions momentanées et notations tendues vers l'immédiat concourent puissamment à intégrer l'abstrait et le concret. C'est ainsi que Valéry « fait l'expérience » d'une maison non comme matière inerte éclairée passivement par les rayons du soleil, mais comme génération spontanée qui participe à l'existence autonome de la nature. Aspect inchoatif qui est évoqué à la fois dans des images anthropomorphiques, dont les verbes sont le plus souvent mis en évidence — « *Ce cyprès* offre » « *la lumière* [fait] balbutier *leurs formes* » (*C2*, 1305) — et surtout dans des formes verbales réflexives qui évoquent la spontanéité de la nature : « *la nuit se fait voir* » (1272) « *Cette maison* [...] se •CONSTRUIT *à* chaque instant » (1285) « *telle nuance se dégage* [...] *Le clair et le sombre se divisent* [...] *l'espace s'ouvre* » (1283).

Dans quelques textes, le mouvement vers l'équivalence de l'être et des objets qu'il perçoit peut être interrompu, en réduisant l'échange fluide à une confrontation brutale de l'esprit et du monde :

L'homme regarde [...]
Une quantité de *choses*.
Une totalité opposée.
Une diversité massive étrangère qui est
ce qu'elle est... (*C2*, 1301)

Mais le ton dominant des « Poèmes et PPA » est la conscience contraire de la réalité, comme la redécouverte heureuse de la nécessité de toute chose : «*Je distingue chaque feuille. Je* puis *séparer chaque objet*» (*C2*, 1299). Toute-puissance du « regard » ; mais le moi lui-même est scruté comme un assemblage de facteurs isolés, tant par lui-même que par les objets qui l'entourent. Dans un monde où la frontière traditionnelle entre sujet et objet se brouille de plus en plus, le noyau de la réalité et le cœur du moi se confondent : « – *Cette impression non pas de voir ce que je vois, mais d'être* vu *par ces objets, ce ciel* [...]» (1259). La tendance à voir l'univers en termes opposés (détail/tout, abstrait/concret) intervient fréquemment à mesure que le poète se rapproche de l'essence poétique. Dans un poème intitulé «*Étoile*» (1248), Valéry juxtapose le spécifique («*quelque chose*») et le général («*infiniment*»), procédé prolongé dans l'identification de la présence et de l'éloignement. De cette façon les mots, soumis à un travail de spécification, tendent à aller au-delà de leur contexte logique et sémantique normal, à mesure que le poète sent qu'il se rapproche d'une vérité de l'existence. L'isolement du dernier mot («*présence»») accentue la finalité d'une précision linguistique extrême, dont la résonance imaginaire signale le point d'intériorisation le plus profond : «*Au ciel uni mat bleu sombre, à corps noir, – quelque chose infiniment douce, vive et élevée perce – accompagnée d'éclat, de distance, de pureté, pénétration, finesse, isolement –* présence. *–*». Texte évocateur, par le mélange synesthésique de la perception et par l'ordre interne fondé sur des structures ternaires (les trois adjectifs «*douce, vive et élevée*» préfigurant les trois formes prépositives «*d'éclat, de distance, de pureté*», précédant à leur tour les trois substantifs qui forment l'avant-dernier stade de la perception). Mais ce qui frappe surtout c'est la concision elliptique du style, la condensation extrême du multiréférentiel. En quelques mots le poète réussit à suggérer la profondeur d'une absorption émotive, l'éveil à la nature comme à l'univers. D'autres textes des «Poèmes et PPA» mettent en évidence la polyvalence des images : le poète peut discerner dans le scintillement des étoiles « *un* duvet *de lueur* » (1246), dont les « *nuances noyées* » suggèrent non seulement la variation délicate des tons, et la chaleur douce de la lumière qu'elles projettent dans l'esprit du poète, mais aussi la signification littérale d'immensité océanique, d'une puissance menaçante et sombre. Il en va de même d'observations poétiques tendues vers le fragile et l'intangible, comme ce « *ciel légèrement velu de lumière* » (1247), ou bien l'évocation du jour naissant comme un « *papier buvard buvant la lumière* » (*C*, XXVI, 364). Capter l'essence des choses, que ce soit dans des phénomènes, des éléments ou des émotions, c'est se tenir à l'écoute du silence. C'est pour cette raison que le moment d'échec apparent, d'incapacité à exprimer la tension poétique entre « Être » et « Connaître », est souvent l'endroit même où un texte donné revêt son caractère lyrique le plus émouvant. Les moments de défaillance linguistique sont précisément ceux où l'authenticité du sentiment poétique est la plus fortement rendue.

Ce « sentir » intense, tendu constamment vers des états qui frisent les limites de l'évocation consciente, place dans sa vraie perspective créatrice le manque d'uniformité de la prose lyrique des *Cahiers*. En effet, la « forme » prend des significations multiples en tant que cohérence esthétique, thématique et intellectuelle. Certes, il y a des bribes de vers réguliers : des strophes isolées (heptasyllabes (*C2*, 1248), octosyllabes (1308)), des alexandrins (1251, 1306), et une « *Chanson* » dont les deux dernières strophes sont écrites chacune avec des vers de cinq syllabes (1301-2). Mais la plupart des passages qui réalisent le *nouveau secret* sont écrits soit en vers libres, soit dans un style de prose dont l'heureuse mise en page évoque le « verset » claudélien. Au surplus, la forme tient souvent plus à l'état d'esprit du poète qu'aux genres littéraires. Quand le ton est au désespoir ou à la détresse, les bribes de phrases déchiquetées abondent : « *Je me sens ce soir d'un seul, d'un sombre, d'un triste extrêmes.* [...] *Il en vient* des envies de geindre, des ombres de jurons − des fantômes de cris, − des rages closes » (C1, 145), et le ton exclamatif qui traduit l'effusion euphorique du moi peut décrire la même fragmentation : « Nu − seul − fou − /Moi! » (C2, 1297). Quand, d'autre part, l'esprit et les sens sont au repos, les phrases se déploient, les vers prennent des périodes rythmiques plus longues, et la syntaxe en général se fait plus libre et plus assurée.

La forme des «Poèmes et PPA» ne se limite pourtant pas à des considérations externes. L'attitude variable du poète face à la réalité, et la dichotomie qui sépare la conscience de la submersion inconsciente, établissent leur tension propre. Le rôle des contrastes dans la formation d'architectures internes se remarque surtout dans les textes où l'opposition entre le moi et sa situation générale devient extrême. Le regard que Valéry promène sur la mer, par exemple, s'oriente vers le contraste entre unité passive et détail constitutif (le décalage entre la « grande forme » et le « petit mur de bulles » (C2, 1270) ). Dans certains contextes, surtout celui de l'aube où « Ce que l'on voit [...] prend valeur symbolique du total des choses » (1285), la perception de contrastes, loin de conduire à une vision du monde comme fondamentalement divisé, sert de tremplin à l'éclosion d'un sentiment de cohérence totale. La plus petite parcelle de temps ou l'objet le plus minuscule peuvent se faire ainsi l'instrument d'une extension cosmique de l'être : « Je vois alors Toutes choses. Et tout ce que je pourrais penser ou sentir, me semble un petit objet dans le creux de ma main spirituelle » (1302).

Du «tout» de l'univers et de ses parties constituantes à cette autre totalité de notions différentes et parfois opposées qu'est la poésie elle-même, il n'y a qu'un pas : « Quand les œuvres sont très courtes, le plus mince détail est de l'ordre de grandeur de l'ensemble » (TQ, 681). Poussant plus loin, le dossier «Poésie» propose la définition d'un vers comme « le plus court poème possible », contenant en lui « les traits essentiels du poème quant

*à la durée* » (*C2*, 1140). Mais ce qui confère à cette étroite
parenté du détail et du tout poétiques son entière pertinence,
c'est le principe de réduction qu'elle instaure au cœur de l'entreprise poétique, comme unique élément moteur permettant une
prise de conscience du système créateur qui l'englobe. C'est que
la quête de l'essence des choses, à partir de laquelle la totalité
qu'elles composent peut seule être reconstituée, est en même
temps la quête d'une communication essentielle, d'un style littéraire dont chaque nuance expressive suggère le tout macro-
cosmique qui l'entoure. D'où le goût d'expression très condensée
dans les « Poèmes et PPA », de séquences syntaxiques faites de
substantifs isolés, de mots ou de phrases mis dramatiquement
en relief, et qui se réfèrent à un fond de sensations, de sentiments ou de concepts qui les comprennent et les complètent.

Mais tout texte écrit appelle un lecteur : des détails isolés
de l'expérience personnelle risquent de verser dans l'ésotérique
si le « tout » structural d'images ou de sentiments duquel ils sont
tirés n'est pas rendu sensible. Ce qui confère à la prose poétique
des *Cahiers* sa place privilégiée dans l'œuvre, c'est la concordance
qui s'installe entre la totalité équilibrée de l'« Être » et du
« Connaître » qui préside à la création, et ce « tout » de l'expérience de la lecture, qui recrée le parcours méthodologique suivi
par le poète en nous invitant à suivre une approche analogue.
En effet, à l'expérience faite par le poète de cet état foncièrement « insignifiant », privé de sens qu'est le monde revu et refor-
mulé, correspond un abord du texte qui fait de cette autre
« insignifiance » qu'est la forme et l'organisation structurale interne
le fondement de sa démarche. Nous avons voulu suggérer, en
relevant l'ordre interne qui façonne un poème tel qu'« *Étoile* »
(*C2*, 1248), qu'en ce sens une lecture des textes qui trouve d'abord
un certain réseau formel dans les rapports des images entre elles,
ou dans la texture rythmique et syntaxique, rétablit par la suite
un contenu sémantique en suggérant le travail même de l'esprit,

présent dans le souci d'ordonnance et d'agencement qui fait du flux d'images et de sensations un composé cohérent. Le texte qui en résulte atteint un haut degré de nécessité poétique, puisqu'il est créé selon des lois que gouvernent sa propre structure et ses qualités auditives particulières.

Nous verrons que cette concordance, qui part d'une analogie entre les voies de la création et celles de la lecture pour atteindre une totalité d'appréciation, touche à l'essence poétique des «Poèmes et PPA». Mais dans le contexte initial de la forme des poèmes, tendus vers un détail central qui les anime, l'«illumination» de la réalité et de la situation du poète appelle tout naturellement des structures extrêmement condensées et elliptiques. Comme Valéry le dit lui-même, «*Le système "Illuminations" – ne donne évidemment que des œuvres "courtes". – Peut-être, même pas plus longues que deux lignes*» (*C*, XXVI, 871). C'est ainsi que le poète peut réussir à suggérer, dans des impressions poétiques dont la longueur dépasse rarement deux vers, toute une atmosphère dont les connotations répercutantes sont en fonction inverse de leur concision linguistique. Dans «*L'oiseau se donne et se reprend à l'air*» (IV, 590), le poète réussit admirablement à créer un faisceau d'images et d'associations d'idées. Il y a d'abord la réflexion évidente sur l'individualité et la dépendance, mais ensuite l'image s'élargit pour comprendre les thèmes de la présence et de l'absence, et la relation de la partie et du tout dans le processus de l'imagination créatrice. Beaucoup de textes pareils ne constituent pas plus que l'état préliminaire de la perception profonde. Aussi diffèrent-ils profondément du lyrisme de *Charmes*, par exemple, au niveau de leur confiance dans l'expression et à celui d'une attitude unique envers l'existence, celle de cette «*PROFONDEUR DE L'APPARENCE*» (*C*, XII, 190) qui se trouve au seuil de la perception renouvelée. «[...] *c'est ceci qui est* poésie. *Quel étonnement muet que tout soit et que moi je sois!*» : le silence stupéfié du moi qui dans ces pages saisit la réalité dans son état le plus brut et le plus insignifiant, mais qui doit par la suite traduire sa vision poétique, restaure le contact du poète avec le monde. Mais il menace également de réduire au silence l'interaction créatrice de l'intellect et de la sensibilité qui lui donna naissance. Les difficultés d'expression qu'entraîne cette forme sublimée de la conscience perceptive, donnent aux «Poèmes et PPA» leur dimension pleinement exploratrice mais aussi potentiellement auto-destructive.

Ce n'est pourtant pas tous les «petits poèmes abstraits» des *Cahiers* qui se situent aux limites de la perception. Les qualités poétiques inhérentes rien qu'à des thèmes abstraits sont elles-mêmes explorées dans l'un des textes du dossier (*C*, IV, 612). Comme dans de nombreux autres poèmes ou ébauches du genre[10], des leitmotive divers de la pensée valéryenne y sont présentés comme des personnages, chacun contribuant au lyrisme d'un poème en puissance : «*Ô mes étranges personnages, — pourquoi ne seriez-vous pas une poésie?*». Rien d'étonnant à une telle tendance, dérivée de la vaste entreprise envisagée par Valéry qui transposerait matériellement la pensée en images et analogies directement perceptibles au niveau de la sensibilité. Valéry résume le parti pris de construire la «*stèle à chaque énigme*» (V, 698) dans un texte où s'esquisse l'idée d'un noyau chargé de potentiel créateur, d'où découle organiquement tout un enchaînement d'analyses et de commentaires : «*Poème — Construire un petit monument à chacune de ces difficultés* [...] *Un petit temple à chaque question*». Ailleurs, en traçant les grandes lignes d'un «*P.*[*etit*] *P.*[*oème*] *Abst.*[*rait*]» sur la «*Sensib*[*ilité*] *Intell*[*ectuelle*]» (XXIV, 575-6), Valéry précise ce processus, d'une importance capitale pour la conception de la poésie abstraite en prose :

[...] cette génération par un fragment
Cette étrange formation végétale —
Le fragment exige le tout et se le fait —

Le cœur de la vision poétique dans les poèmes en prose des *Cahiers* s'apparente donc étroitement à des problèmes de création, au désir même de créer — à un acte dynamique, surtout, qui stimule la capacité créatrice de l'esprit, ce champ virtuel d'éléments linguistiques apparentés que le poète qualifie d'«Implexe», et dont l'activation représente l'un des tout premiers pas vers la matérialisation de l'inspiration amorphe originale. Agir créativement, c'est élaborer un édifice qui mène à la perception de la nécessité : «[...] *l'idée même de la* construction *qui est le passage du désordre à l'ordre et l'usage de l'arbitraire pour atteindre la nécessité, se fixait en moi comme le type de l'action la plus belle et la plus complète que l'homme se pût proposer. Un édifice accompli* [...] *manifeste à la lumière l'œuvre combinée du vouloir, du savoir et du pouvoir de l'homme*» (*PA*, 1277). De même, la poésie, entendue comme l'ordre imposé à la réalité perçue dans sa vérité chaotique, est un art actif de la disposition efficace de forces et d'impulsions. «*L'œuvre de l'esprit n'existe qu'en* acte» (*V*, 1349) : l'esprit doit inévitablement fournir un point de repère, mais pas simplement au niveau de théories abstraites et d'analyses — plutôt par son rôle d'animateur et de coordinateur de réactions corporelles à l'expérience, et par sa tâche subséquente de les fixer et de les communiquer. Le côté abstrait de certains des «petits poèmes abstraits» s'équilibre par l'acuité perceptive de l'individu, et par l'engagement actif de l'esprit à la formulation de structures et de modèles cohérents.

D'où l'accent mis par Valéry sur le dynamisme de l'élaboration poétique : «[...] *ce fait si remarquable* [...] *l'exécution d'un* acte, *comme aboutissement, issue, détermination finale d'un état qui est inexprimable en termes finis* [...]» (*V*, 1358). À l'intérieur du processus même qui aboutit à la distillation d'éléments poétiques, surgit un problème qui s'applique tout particulièrement à la prose poétique des *Cahiers* — dilemme d'orientation qui oppose la notion du défini à la progression même qui y tend.

# III

# LA SYNTHÈSE REMISE EN QUESTION

Venant de la plume d'un poète aussi conscient que Valéry des principes de la structure et de l'articulation, la réduction implicite de la poésie à une séquence fragmentée peut surprendre ; pourtant « *une poésie est faite de "beaux détails"* » *(C2, 1086)*. L'importance accordée à la transition et à la modulation comme « dons poétiques » est une pierre angulaire de dossiers tels que « Poésie » et « Ego Scriptor ». Le grand dessein intellectuel des *Cahiers*, selon lequel une œuvre serait façonnée spontanément à partir de certains préalables formels — « *Arriver à l'exécution d'une œuvre par voie de conditions formelles accumulées comme des équations fonctionnelles* » *(C1, 314)* — atteignant ainsi une unité organique totale, entretient un rapport parfois très ambivalent avec une vision de la création poétique comme orientée vers la fragmentation et la discontinuité : « *En somme, ce qu'on appelle un* poème *se compose pratiquement de fragments de* poésie pure *enchâssés dans la matière d'un discours. Un très beau vers est un élément très pur de poésie. La comparaison banale d'un beau vers à un diamant fait voir que le sentiment de cette qualité de pureté est dans tous les esprits.* » *(V, 1457)*.

Cette nuance importante nous invite à approfondir un peu la notion de forme chez Valéry. Dans son acception la plus étendue, la notion dépasse des considérations de mètre et de rythme, pour prendre une connotation fondamentalement dynamique : «[...] *ce que j'ai "voulu dire" dans tel poème* [...] *je n'ai pas* voulu dire, *mais* voulu faire [...]» (*V*, 1503). Vouloir construire, vouloir agir directement sur des objets perçus, sont des points saillants de la prose poétique des *Cahiers* : «[...] *que faire de tous ces incidents de lumière et d'obscurité* [...] *De ces formes sur quoi la* main de l'œil *passe et qu'elle éprouve* [...] que faire?» (*C2*, 1301). L'acte aux yeux de Valéry ne saurait être séparé de la forme qui l'incorpore ; mais la notion de «l'objet fait» tient un rôle beaucoup moins important que la progression ininterrompue qui lui donne forme et substance : «*Plus me chaut le faire que son objet. C'est le faire qui est l'ouvrage, l'objet à mes yeux* [...]» (1022). Valéry en viendra ainsi à caractériser l'essence irréductible de l'état poétique comme une concordance de base. Cette dernière lie un système en évolution de variations et de contrastes, système qui implique l'intervention de l'intellect, à l'élaboration d'une forme. La nécessité de celle-ci, comme produit totalement authentique de l'esprit, serait garantie par la pureté de sa forme, et par l'embryon inchoatif qui produit ultérieurement tout un enchaînement de thèmes et d'images qui lui sont associés.

Mais cette conception, tout idéale qu'elle soit, ne va pas sans certaines tensions qui influent sur la pratique de la poésie. L'essence de la forme dans son état le plus pur implique par définition la fin de tout acte, et la délimitation de l'objet vers lequel l'exercice heuristique de la production poétique avait été orienté ; un tel objet, résultant d'efforts délibérés vers la poésie, dépend pourtant tout aussi intimement du parcours actif, du rejet de toute notion de finitude. Problème d'envergure majeure : la notion d'agir, moteur principal du *poïein* en son sens étymologique de construction ou fabrication, risque d'entrer en conflit avec la forme et ses assises d'immuabilité. Les conséquences de cette impasse apparente sont visibles dans beaucoup de domaines, mais nulle part plus évidentes que dans celui de la création poétique. Un décalage se creuse entre l'affirmation catégorique, « *Un poème n'est jamais achevé* » (*TQ*, 553), et des passages où les vers sont loués comme tenant du non-arbitraire, de l'irréductible, supposant une loi de fixité dont dépend toute autre chose (par ex. *C*, IX, 383). Cette tension se traduit déjà par l'attitude de Valéry envers la modification stylistique. Nous savons par des études très fouillées [11] que la tendance à multiplier des retouches de forme et de conception qui démentent la perfection apparente du texte publié, n'est nulle part plus remarquable que dans la composition hésitante de *La Jeune Parque*. Ce ne sont pas seulement les nombreuses variantes, mais aussi la disposition tâtonnante de sections entières du texte qui réfutent la notion de perfection achevée. À reconstituer le cheminement de l'inspiration poétique, nous en venons à considérer que le poème n'est pas tant constitué par les cinq cent douze vers du texte que par la recherche très poussée qui a jalonné sa composition, comme par l'assemblage d'éléments de « poésie pure » [12], réunis en modulant des niveaux thématiques différents.

Valéry analyse cette finitude superficielle de la forme dans l'essai « L'Homme et la coquille » (*Variété*), dans le but d'isoler le principe constructif auquel toute forme peut être ramenée. Il y célèbre « l'idée de faire » comme la force qui préside à la génération de tout objet, que celui-ci soit ou non créé par l'homme ; et le mouvement inverse qui, partant de la forme, retourne à son essence constitutive, est analysé ailleurs comme une reconstruction progressive, qui est par définition poétique : « [...] *restituer par l'esprit le poème perdu de leur génération* » (*PA*, 1360). Tout processus explicatif doit donc puiser aux sources mêmes qui constituent l'impulsion poétique, et non pas s'arrêter aux notions de rythme et de mètre définitifs. Pourtant, si la possibilité d'atteindre un but infirme la justification du mouvement lui-même, la pratique tout entière du remaniement stylistique est immédiatement mise en cause. L'amélioration risque de devenir un processus sans fin, dont la valeur intrinsèque n'est garantie que tant qu'il n'est pas interrompu. Au début de l'activité poétique, la notion de limite ne prime pas aux yeux de Valéry : «*Toute poésie gît dans le commencement, ou plutôt est tout le temps un commencement* [...]» (*C*, XXIV, 862). Les «Poèmes et PPA» ressemblent à ce matériau brut, à partir duquel la charpente d'œuvres plus élaborées est construite. Leur valeur en tant que gemmes poétiques autonomes – les *beaux détails* qui sont les fibres de la poésie à l'état premier – est en fait confirmée par la présence de plusieurs d'entre eux dans des œuvres de plus grande dimension, dont surtout le cycle en prose de *Monsieur Teste*[13]. Indépendance qui s'avère problématique ; en une image centrée sur des tons et des couleurs, Valéry établit une comparaison entre des éléments purs de la pensée et des mots isolés : «*Autour d'une* "idée" – *d'un Mot* – *viennent par* tropismes – *quantité d'autres* –, *comme étrangers entre eux* – *Comment de ce rassemblement passer à des* "*phrases*"? – *Problème* – » (*C*, XXI, 158). Les «Poèmes et PPA» véhiculent fréquemment ces «tropismes», qui impliquent l'existence de certains déclics linguistiques ou de thèmes imaginaires féconds autour desquels toute une série de métaphores ou d'analogies se cristallisent spontanément. De telles phrases lapidaires peuvent être en relation consciente ou inconsciente les unes avec les autres dans l'esprit du poète ; l'important, c'est leur relation même, qui sert de critère directif à l'élaboration d'un ouvrage unifié et cohérent. Comme dans le domaine de la perception où un instant privilégié peut s'ouvrir sur l'infini, l'un des grands desseins des «Poèmes et PPA», c'est de nous montrer que la partie implique le tout, que le fragment poétique appelle un système global qui le situe, sans pour cela préciser ce système dans des formules trop restrictives. Car la réalisation d'une œuvre ou d'un système, même parfaits, ne saurait compenser le mouvement de transmutation auquel elle met fin : «*Un chef-d'œuvre me semblait une* restriction – *une* démonstration, *un* exercice [...] » (*C1*, 366). Valéry résume : « [...] *les actes et les œuvres sont nécessairement* moindres *que le possible que je représente* [...] *Quelques* [sic] *soient les vertus d'une chose, elle a* q[uel]q[ue] *chose d'incomplet dès qu'elle est* complète. *Ce qui est, et est achevé perd une qualité infinie.* » (*C*, VIII, 828). Si tout devient ainsi « *matière à tripoter, à corriger et toujours un* état *entre autres* » (XXVI, 732), les « Poèmes et PPA » et d'autres textes lyriques des *Cahiers*, à l'opposé de la poésie en vers, sont très rarement émondés pour plus de densité et de concision. Certains sont tellement concentrés qu'on ne peut les considérer que comme des noyaux, susceptibles d'un épanouissement multiple. Les quelques modifications vont normalement dans le sens de l'adéquation contextuelle : des versions de « *Soumets-toi tout entier...* » (IV, 358), par exemple, peuvent soit rester pratiquement identiques (III, 437), soit être modifiées selon le contexte (l'utilisation soigneuse de la ponctuation par Monsieur Teste (*MT*, 40) étant conforme à la précision de son « Log-book »).

C'est ainsi que nous ne saurions forcément déduire de jugement de valeur de la publication de tel texte en prose poétique, élaboré par Valéry d'après tel brouillon primitif des *Cahiers*. La prose poétique qui est publiée de son vivant (par exemple dans la *Revue de France*) s'oriente vers un flot rhétorique de périodes équilibrées, mais la spontanéité y est souvent dominée par des éléments proliférants de théorie et d'érudition. Dans « Rochers » (*TQ*, 666), par exemple, publié en 1927 dans la *Revue de France*, six ans après sa composition dans les *Cahiers* (*C*, VIII, 224), la liste de substantifs dans la première version du poème, qui esquisse un kaléidoscope d'expériences diverses, s'amplifie jusqu'à former des paragraphes entiers. Les possibilités tangentielles de repères fuyants et suggestifs tels que « *Stratégie – aventures – chaos* » deviennent ainsi toute une élaboration qui explicite pensées et sensations ( « *Il se joue un jeu d'échecs fort compliqué ; à chaque coup, le problème est autre ; et les pièces du jeu sont les images de la vue, les prévisions euclidiennes de déplacement, les divers groupes musculaires indépendants, et bien d'autres choses »*), et qui se gouverne selon des forces mesurant à l'avance la nature précise de l'effet à produire (*« J'observe toutefois une sorte de rythme [...] j'essaie de conserver une vitesse moyenne »*).

Les « Poèmes et PPA » tirent un élément important de leur originalité de ce côté disjonctif qui opère par la suite l'activation du virtuel. Car le degré d'unité et de cohésion qui parfois découle de leur développement en suspens, est capable de concilier la loi de variation intellectuelle constante avec les limites d'un objet littéraire spécifique, dans ce que Valéry appelle « l'univers fermé » de l'état poétique. « *Toute belle œuvre est chose* fermée. *Rayonne muette* » (*C2*, 952) : le principe de fermeture et d'extension à la fois est très remarquable dans l'un des « Poèmes et PPA » :

Chant cristallin de la Statue de Memnon

Quand le soleil se révèle et d'un rayon frappe
[...]
moi de rosée lavé – d'abord je murmure, cris infimes,
puis je chante – Substance – crépite – Source – Soleil p[our] l'aveugle,
et enfin la lumière a tari la rosée,
j'étincelle muet.

(C2, 1288)

L'impression d'étincellement irréductible est renforcée par le nombre négligeable de variantes dans la version qui figure dans « L'Île Xiphos » (« Histoires brisées »), et touche ainsi non seulement le fond mais la forme. La quête d'éléments linguistiques brillants et expressifs est symbolisée dans l'isolement des trois mots qui se réfèrent à un état primordial, celui précisément dans lequel se forment les diamants (*« Substance – crépite – Source »*) :

«*Substance*» évoquant la brusque matérialisation du chant ; «*crépite*», l'éclat du diamant, et la chaleur extrême qu'exige sa formation ; et «*Source*», la pureté originelle qui anime tout le poème. De cette façon, en jouant sur l'élémentaire et sur l'irréductible, Valéry suggère une image de complétude, de la nécessité à laquelle il aspire. Réussite qui, par la condensation préliminaire de la langue et l'expansion sémantique qui en résulte, reflète vivement les caractéristiques d'entrée et de sortie dans lesquelles le poète voit une source importante d'énergie poétique [14]. Avec une rare économie de moyens, il réussit à indiquer le point critique où la compression de l'expérience par la langue arrive à un degré de pureté tellement intense dans le fond et la forme, que les connotations du texte s'élargissent en cercles suggestifs. Le *poïein* s'oriente ainsi moins vers une progression sans fin que vers son intégration à l'objet qu'il fabrique, développement au cours duquel l'investissement personnel du poète dans la construction dynamique est de plus en plus mis en cause. L'indépendance fragmentaire de nombreux poèmes lyriques des *Cahiers* ajoute effectivement une nouvelle perspective aux attitudes changeantes envers l'œuvre «finie», comme à la relation de cette dernière avec l'auteur lui-même. À l'opposé des vers, régis par des lois de variation constante, la poésie en prose essaie de délimiter l'essence fonctionnelle et structurelle de la réalité, en disloquant ses caractéristiques de surface pour mieux confondre nos vues préétablies de la signification. C'est cette réalité instantanée, fixe, de la perception qui encourage le mouvement vers l'indépendance croissante du poète par rapport à la poésie, puisque le temps et l'espace ne lient plus le moi à sa relativité de situation, aux vicissitudes de l'acte d'écrire. Un texte important des «Poèmes et PPA» célèbre la capacité de l'esprit à s'écarter de toute distraction qui risque d'affaiblir le désir de créer, et souligne la nature instantanée du fonctionnement intellectuel :

Mon regard prend et laisse la tempête, se fixe sur un point d'esprit *qu'il fait parler en moi*, pendant un instant ; revient au ciel embrouillé. Que de choses et de travaux ont enfin permis que la pensée puisse à l'abri, *durer*, s'assouplir, se perdre, se retrouver et prolonger, prendre puissance, n'être pas une échappée entre deux soucis de mon corps.

(*C2*, 1294)

Cet éloignement réalisé, Valéry conçoit alors l'ouvrage comme atteignant une imperméabilité à toute intervention ultérieure du moi. L'intellect, pressé de trouver l'œuvre d'art insignifiante, doit finalement renoncer à son emprise sur le bel objet qu'il a façonné :

Faire une belle œuvre, c'est *faire quelque chose qui se place enfin hors du faire* [...]
Ce qui est ainsi produit [...] exige donc l'idée (vague et ravissante) d'une catégorie à part.

(*C*, XXII, 444)

Des commentaires de ce genre tendent à figurer dans les derniers *Cahiers*, où la notion de la fixité de la structure rétablit son ascendant sur l'imagination du poète, en modifiant la situation de l'artiste créateur vis-à-vis de l'ouvrage qu'il crée. L'opposition entre les deux devient l'indice paradoxal d'une conciliation entre une structure fixe et le mécanisme intellectuel et perceptif qui l'a produite. Poursuivant l'analogie de base qu'il établit entre la structure poétique et le diamant ou le cristal, c'est au monde minéral que Valéry a recours pour définir l'impuissance conséquente de l'intellect : «*Mystérieux et achevé (ou* parfait*) comme un caillou. Impossible à annuler par* utilité, *par un* conte, *par l'idée* d'un auteur, *par la sensation même d'une volonté, d'une intention* [...] *Ceci emprunte le* fermé *de la sensibilité pure*» (*C*, XX, 557). Dans des moments de pessimisme, la limpidité diamantaire de la forme poétique parfaite peut se transformer ainsi en impénétrabilité foncière. D'où le ton parfois mélancolique qui court en filigrane dans la prose poétique vouée ostensiblement à une louange de l'intellect, mais exprimée en termes conditionnels ou subjonctifs : «*J'aurais voulu te vouer à former le cristal de chaque chose, ma Tête — et que tu divises le désordre que présente l'espace et que développe le temps* [...]» (*C2*, 1304) ; ou bien paraissant dans ces textes où la perfection est perçue comme équivalant à une dégradation instantanée, et prend la dimension de l'angoisse humaine :

> ... Écoute, mon Seigneur, ce que chante ce moment par la fenêtre ouverte [...]
> [...]
> *Le parfait se détruit soi-même.* Quoi de plus destructeur que lui! Le fruit engendre le ver, et le zénith, le Nadir.          (*C*, XXII, 291)

Dans un certain nombre de textes, le poète envisage non seulement la modification de l'auteur, mais son entière reconstruction par l'ouvrage réalisé : «*Et quand* [*l'œuvre*] *est achevée* [...] [*l'auteur*] *se fait (par exemple) celui qui a été capable de l'engendrer. Il reconstruit en quelque sorte un formateur de l'ensemble réalisé* [...]» (*C*, VI, 818). Les contraintes qui pèsent sur la création d'une forme valable peuvent être transcendées, mais c'est aux dépens de l'autonomie ou de l'identité de l'auteur : «[...] *instrument qui a cessé de servir. L'œuvre parfaite se débarrasse de son auteur*» (XXIX, 470). Le phénomène prend un ton d'authenticité personnelle profonde quand, par exemple, nous apprenons la fascination de Valéry, présent à l'exégèse faite par Cohen du «*Cimetière marin*», et l'introversion insolite de poète et de poésie (*V*, 1498-9).

Voir le peu de considération accordée à l'ensemble de la prose poétique des *Cahiers* à la lumière de ce rapport, l'importance des poèmes étant supplantée par des œuvres où le lien créateur-création est moins tendu, ce serait sans doute exagérer les déclarations théoriques de Valéry. Mais le conflit problématique d'attitudes dans l'élaboration de la structure nous aide indiscutablement à mieux saisir le fond poétique de textes écrits en prose, en nous signalant le rapport qu'ils entretiennent avec la poétique valéryenne telle qu'elle s'exprime dans la poésie en vers. Poétique à deux faces : d'un côté, la poésie se caractérise par sa dérivation inchoative en tant qu'«œuvre en cours» ; mais quelques-uns des textes lyriques en prose tendent naturellement à suggérer le passage au-delà d'un point critique, celui où, dans le contexte conventionnel de la poésie en vers, le passage d'une section à une autre pose de nombreux problèmes[15]. Dans de tels exemples, l'intellect et les sens ouvrent sur une expérience d'exaltation et d'épanouissement dans laquelle cœur et esprit coïncident mystérieusement en un accord total — plénitude et suffisance auxquelles il n'y a que l'image du diamant, lourde ici encore de toutes ses connotations de potentiel poétique, qui puisse servir de moyen expressif adéquat :

[...] je suis envahi tout à coup par l'ombre de la joie ou épanouissement sacré, chaud, tendre dont j'étais envahi en vérité,
quand Bice favorable Ipsa paraissait devant mes yeux [...]
et que l'esprit et l'énergie abondant, coïncidant au rendez-vous
[...]
étaient assemblés comme un chœur de circonstances.
    Tout ce qui était en présence et en relation sensible
à ce moment formait un seul objet inestimable, une rareté de la nature,
un diamant radieux [...]                                    (*C2*, 485)

Comme l'indiquent de tels textes, le brassage de plusieurs domaines d'expérience et la cohésion d'ensemble sont de plus en plus indicateurs d'une raréfaction de la perception, signalée au surplus par l'intérêt montré pendant la jeunesse symboliste du poète pour les écrits de tout un panthéon de contemplatifs mystiques, de saint Augustin à sainte Thérèse d'Avila, et tout spécialement sur le tard pour l'œuvre de saint Jean de la Croix. L'opacité sémantique qui peut parfois être produite par la confrontation systématique d'éléments irréconciliables[16] indique une tentative consciente de dépasser le registre traditionnel d'expression. D'où le trait distinctif d'une grande partie de la prose lyrique, celui d'oxymoron ou de juxtaposition de contrastes stylistiques inattendus — techniques apparentées, nous le verrons, à la «voie négative» du mysticisme scolastique.

La tentative d'accroître le potentiel expressif de la langue n'est nullement limitée à Valéry. Rimbaud avait été tout aussi investigateur : «*J'écrivais des silences, des nuits, je notais l'inexprimable*» («Alchimie du Verbe», *Une Saison en enfer*). Mais la puissance expressive des mots n'avait auparavant été que rarement impliquée aussi étroitement dans la reformulation de notions d'un art poétique, aussi bien que dans les forces dynamiques qui motivent la synthèse préalable entre la sensibilité et la conscience intellectuelle. Les moments de réciprocité totale de l'espace et du temps prolongent le point critique de la progression poétique dans une suspension de toute faculté rationnelle ou intuitive — ce «*seuil de l'éternel*» (*C2*, 557) où le poème de la recherche de la forme vainc la contradiction inhérente à sa propre nature et, à l'instar de la Statue de Memnon, étincelle comme le cristal. Un indice de ces moments privilégiés où l'instant se prolonge, au lieu de s'évanouir dans l'acte de sa possession, est visible dans le style lui-même, dans les phrases des textes lyriques en prose où une plus grande difficulté d'expression introduit des inégalités de conception et d'écriture. Cette impression de composition hâtive est parfois la mesure paradoxale de la réussite de tels poèmes, conciliant la notion de structure avec le développement même qui en constitue le préalable.

C'est pour cette raison que les nombreux poèmes d'amour occupent une place si importante dans la prose poétique des *Cahiers*, puisqu'ils célèbrent l'instant critique dans l'acte d'amour où celui-ci se rétracte irrévocablement[17], ou se déploie en un état de félicité complète, cet «\*ÉTAT CHANTANT TOTAL» (*C2*,

541) qui finalement comprend « l'autre ». L'expérience d'achève-
ment et de finitude qui informe souvent les textes du dossier
« Éros » pose le même problème que celui de la quête difficile
de la forme, du point synthétique où la poésie à la fois se
referme sur elle-même et atteint son plein rayonnement. « *Je
pense en rationaliste archi-pur. Je sens en mystique* » (418) : la
tendance double de l'être se creuse dans l'amour et engage les
limites de l'expression, telle cette « *PRÉSENCE D'ABSENCE* » (*C*,
XVIII, 358), symptomatique des sentiments et des sensations potentiellement synthétiques et pourtant profondément perturbateurs
qui tendent naturellement à déborder au point de culmination,
au moment suprême de la transgression des limites perceptives.
Un texte en particulier du dossier « Éros » (*C2*, 536-7) montre le
lien étroit entre la sensualité et une extension mystique, un lieu
intemporel où des divergences sont résolues et harmonisées. Le
triple classement possible de ce passage comme « Thêta », « Éros »
et l'un des « Poèmes et PPA » indique sa réussite comme ouvrage
de synthèse multiple, unissant des contraires d'expérience dans un
acte unique — et donc, par définition, communiquant cet acte
par la formation simultanée de la poésie : « [...] *nous avons
choisi le meilleur de nos instants de vie, et le plus doux et à la
fois le plus ardent de nos actes, celui que n[ou]s désirons entre
tous et qui a le privilège de créer —. Par là nous nous détachons
de toutes choses, et nous connaissons qu'il existe un mode
extrême d'être où nous ne pouvons, sans doute, que vivre un
instant presque indivisible* [...] » (536-7). Les résonances thématiques
qui lient la prose lyrique des *Cahiers* aux dossiers « Éros » et
« Thêta » méritent une analyse plus poussée.

# IV

## « ÉROS » ET « THÊTA » :
## LE LYRISME DE LA PENSÉE MYSTIQUE

L'UN des aperçus les plus enrichissants que nous a fourni le classement des *Cahiers* de Valéry, c'est sans aucun doute l'étroite imbrication de divers domaines créateurs, tout autant que le contenu des dossiers eux-mêmes. L'importance des interstices[18] qui souvent rapprochent un champ d'exploration des *Cahiers* du suivant n'est nulle part plus remarquable que dans les points de contact établis entre les dossiers « Éros » et « Thêta ». Certaines études[19] ont déjà approfondi soit les tendances « mystiques » de Valéry en tant que telles, soit l'extraordinaire « mysticisme du réel » qui prime souvent dans son approche de la réalité. Mais on a peu parlé jusqu'ici du rapport plus spécifique qui lie chez Valéry les émotions et la sensibilité à l'intérêt qu'il a porté au *Cantique spirituel* de saint Jean de la Croix. Le jour que jette le lien établi dans son esprit entre les tendances « Éros » et « Thêta » de son être, éclaire à la fois sa pratique linguistique en général et une certaine orientation poétique qu'on peut voir à l'œuvre dans les « Poèmes et PPA ».

En effet, en partant de la poésie comme de l'angoisse de l'amour, certains textes du dossier « Éros » atteignent un fond conceptuel en apparence tout à fait étranger au titre, le domaine où la sensibilité se fait plutôt conscience mystique. On constate un mouvement qui, loin de se borner à la seule analyse du dispositif émotionnel, oscille entre une fuite vers l'autre, vers l'un de ces «mondes» dont parle le poète − «[...] un *"monde" qui toucherait à celui-ci* [...], *qui serait la substance où nos racines plongent et duquel elles tirent l'arbre de l'univers visible* [...]» (*C2*, 441) − et pourtant la conscience angoissée d'un décalage, d'un abîme au sein duquel le moi, au lieu de jeter les ponts entre lui-même et autrui, se limite à en creuser les différences. Comme Valéry le décrit lui-même dans le dossier «Égo», «*Insulaire que tu es. Île* − » (*C1*, 97).

Des textes de ce genre prennent souvent un ton d'angoisse, où l'on sent toute la profondeur du déchirement intime. La lutte qui se livre entre émotions et instincts d'une part, et les voies abstraites de l'esprit de l'autre, est à l'image de toute l'architecture interne des *Cahiers*. Il est tentant de n'y voir qu'un schéma rigide suivant lequel le psychisme valéryen basculerait tantôt vers le côté intellectuel, tantôt vers le côté affectif qui nous est transmis par de nombreuses observations tout entières tendues vers le don de soi. Mais une telle interprétation risque de fausser l'orientation d'ensemble de l'œuvre, qui va moins vers l'écartement progressif de ces deux possibles psychiques, que vers la tentative toujours plus féconde de les résoudre. Nous verrons que l'une des raisons qui poussent Valéry à écrire un commentaire sur une traduction du *Cantique spirituel* de saint Jean de la Croix, c'est précisément la manière dont ce dernier y réussit à réconcilier des tendances en apparence les plus opposées, en chantant une expérience sublime où la poursuite de l'amour va de pair avec une pureté et une clarté qui font également la joie de l'intellect.

Coïncidence d'orientations, d'ailleurs, que le cheminement analytique d'ensemble des *Cahiers* met en scène, en ne cessant de réduire la distance entre le goût de la rigueur intellectuelle et tout ce qui à première vue paraît le contraire : l'acuité d'intuitions mystiques profondes, à l'écart d'un système rationnel de pensée ou de perception. Ce sont souvent les textes dans lesquels l'acte corporel qui appelle les réponses affectives et sensorielles les plus extrêmes fait entrevoir un domaine d'expérience opérant la fusion entre le corps et l'esprit, qui nous communiquent la sensation la plus forte d'élévation et de plénitude. Le langage emprunté pour exprimer de tels aperçus est parfois très révélateur :

Tentative d'union. Penser ensemble. Contact des corps.
Épidermes. Figures de l'amplexus. Limite. Silence.
Besoin d'un autre être. —
Image de l'un dans l'autre — Cela fait 4 personnages,
ou miroirs parallèles. Infinité de l'un et de l'autre, dans l'autre et dans l'un.
Tout ceci est une espèce de « mystique ».
Fonctionnement de l'être double.
Théorie de l'absence — et de la présence.                    (*C2*, 471)

Deux aspects de ces notations sont particulièrement saisissants. Le premier, c'est la vision synthétique où les différences se réconcilient ; le deuxième met l'accent sur le mouvement transcendant qui dépasse l'individu, et qui l'oriente vers « l'autre », vers tout ce que l'individu *n'est pas*. Ce jeu de la présence et de l'absence, dans lequel le poète perçoit des éléments que lui-même qualifie de « mystiques », se fait valoir non seulement au cours de délibérations analytiques, mais aussi dans les textes lyriques qui souvent les développent. Un passage clé du dossier « Éros » (*C2*, 440-1) approfondit la perspective de la présence où pourtant l'absence demeure, en évoquant la puissance visionnaire qui accompagne parfois des crises affectives. Comme dans la dichotomie présence/absence, le texte s'articule selon une dualité profonde, qui voudrait à la fois anéantir et perpétuer le recours à une toute-puissance fondamentale, défense naturelle du moi dans des moments de déchirement. Nous assistons à l'élaboration d'une attitude ambivalente qui, au sein même de la critique du mysticisme, valorise cet « autre » transcendant, seul capable d'harmoniser la tension souvent aiguë entre « Être » et « Connaître », entre les divers possibles de l'expérience. De cette façon, un jeu de perspectives qui matérialise l'imaginaire et aiguise la souffrance, s'installe entre l'envers et l'endroit de l'expérience psychique : « *Qui voit mieux que moi la nullité de mes maux atroces? – Je souffre aussi de la vanité de mes douleurs, autant que de leurs morsures incontestables.* L'imaginaire mord et déchire le réel » (441). C'est ainsi que le mouvement de l'être, allant de la douloureuse « *pointe vibrante* » (1292) vers l'« autre » qui se glisse si fréquemment dans les pages bouleversantes du dossier « Éros », favorise une interdépendance qui lie de plus en plus le réel au non-réel, la présence à l'absence, « *Éros et mystique* » (462) comme Valéry le dit lui-même. Certaines observations des *Cahiers* donnent carrément à l'irréel le pas sur le réel : « *Le réel est inséparable du non-réel et vient* après *lui. Il est le non-(non-réel) – on ne commence pas par l'idée de réel.* " *L'âme* " *n'est immortalisée que par qui ressent vivement sa propre mortalité* » (C, XIX, 217). Que ce soit en termes de lutte ou de complémentarité, la mise en relief du rapport entre ce que le poète appelle parfois « *des faits imaginaires* » (C2, 462) et la réalité, donne une coloration toujours plus particulière à l'érotisme valéryen, et agit sur la forme même de ses méditations lyriques à ce sujet. Comme l'indique le titre « Nocturnes » lui-même, l'intermédiaire qui véhicule l'intensité de l'amour charnel et l'acuité de la perception spirituelle, c'est le lyrisme qui sous-tend les dossiers « Éros » et « Thêta », ce chant originel et pur qui, né d'une sensibilité déchirée, ne s'en dégage pas moins pour ensuite exalter ce déchirement même. Profondément lucide, Valéry qualifie cet enchaînement affectif d'« *opération qui consiste à tirer de* [*sa*] *douleur un chant magnifique* » (422).

C'est surtout en fonction de cette étroite parenté émotions/

chant que la concomitance psychique et affective entre « Éros »,
« Thêta » et les « Poèmes et PPA » prend toute l'ampleur de son
essor thématique et stylistique. Un genre qui relie les tendances
contraires de l'érotisme et du mysticisme sous une forme lyrique
s'éparpille dans les *Cahiers* parmi ces trois dossiers. En effet,
les nombreux « Psaumes »[20] offrent un véhicule lyrique d'une
très haute puissance expressive, à la fois sensuelle et mystique.
Certes, il faudrait un mode de lyrisme qui puisse jouer sur une
gamme aussi large que possible de tons et de nuances, comme
l'énumère un texte sur la « voix » : « [...] *voix rattachée aux
entrailles, aux regards, au cœur* [...] *voix, état élevé, tonique,
tendu, fait uniquement d'énergie pure, libre, à haute puissance,
ductile* » (*C2*, 422). Mais l'importance du psaume tient surtout au
fait que le lyrisme du genre est la voie même par laquelle se
réconcilient les directions opposées des émotions et de la conscience mystique. Les interrogations de l'esprit sont incorporées et
comme neutralisées dans la structure double de l'antiphonie, qui
propose le schéma demande/réponse non seulement comme alternance esthétique mais aussi comme tremplin créateur, tendu vers
l'harmonisation progressive de l'intellect et de la sensibilité. Jusque
dans l'amour, le dialogue qui a lieu au plus profond de l'être
adopte souvent le schéma négation/affirmation, mouvement inter-
rogatif qui constamment se corrige pour ensuite relancer son
étonnement :

Amour. Psaume.
Ce n'est pas la femme, c'est le sexe. Ce n'est pas le sexe,
c'est l'instant – la folie de le diviser, l'instant – ou celle d'atteindre.. quoi ?
Ce n'est pas le plaisir – c'est le mouvement qu'il imprime, c'est
le changement qu'il demande [...]
[...] quel but était
celui de son être ? – quel extrême ? quel suicide ?

(*C2*, 403)

Aussi certains textes utilisant une forme ritualiste d'expression religieuse prennent-ils une position centrale dans un dossier consacré aux pulsions affectives («Éros»). L'insertion de plusieurs «psaumes» dans les dossiers «Poèmes et PPA» et «Thêta» témoigne éloquemment du fond synthétique que Valéry a voulu y voir. Les psaumes compris dans le classement «Éros» (*C2*, 403-4, 445, 522-3) reflètent la recherche d'une forme lyrique qui permette le lyrisme personnel le plus profond, mais également une conscience mystique élargissante qui mette en rapport l'amant et sa bien-aimée. Un poème publié dans le recueil *Tel Quel* (*TQ*, 682) atteint un tel degré d'unification que les «voix» créant la structure antiphonale se réduisent à une seule («*Psaume sur une voix*»). Le poème est construit selon le flux et le reflux d'un cantique, permettant ainsi à l'esprit de saisir des approximations et des rapprochements sémantiques («*Je songe aussi pour finir / Au bruit* [...]»); mais en même temps, la sensibilité entière reste très finement en accord avec la modification la plus légère du son. Les conditions requises d'une totalité poétique sont ainsi réunies :

> La menace du tonnerre, la menace d'absolus
> Dans une voix de rouge-gorge,
> Dans le détail fin d'une flûte, et la délicatesse du son pur.
> Tout le soleil suggéré
> Au moyen d'un demi-sourire.
> (Ô demi-voix)
>
> (*TQ*, 682)

L'harmonie de l'intellect et de la sensibilité n'est pourtant pas plus facile à maintenir que l'état poétique lui-même. L'indice du point critique où l'équilibre commence à se disloquer se voit normalement au niveau du langage. Un «psaume» des «Poèmes et PPA» (*C2*, 1278) chante paradoxalement le drame qui se joue parfois dans les variations expressives des mots. De tels décalages entre intention et communication relèvent étroitement de l'instant critique qui préside à la fusion de la sensibilité et de l'intellect, comme aussi à l'acte d'amour qui en est parfois la manifestation : celui où la tension progressive de l'être se désagrège, ou bien passe à un niveau d'expérience plus élevé. Un « psaume » recrée le parcours circulaire de cet extrême d'expérience :

Psaume.[21]

Ô chair, conduis-moi hors de moi-même! Ô dualité embrasée. Des frottements, des mouvements, des élancements élastiques précipités font jaillir l'âme et tirent de l'ombre de la substance l'éclair de la puissance comme un glaive, – qui brille et qui tue.
Cet instant est hors cadres. Il est autre chose que plaisir et douleur. Il n'appartient ni au fonctionnement de la sensibilité d'échanges ordinaires – ni à celle des incidents internes de désordre physiologique. Ni à la connaissance.
Il est une impasse. Nec plus ultra. Il faut revenir. La machine se dissocie. Les pièces se disjoignent et les membres se séparent. Chacun revient à ses affaires.

Dans l'amour charnel, l'accomplissement se fait défaite, et au cœur même de la perfection s'installe une dégradation instantanée. Faust et Lust, dans un psaume encore, discourent sur le parfait qui « *se détruit soi-même.* [...] *Le fruit engendre le ver, et le zénith, le Nadir* » (*C*, XXII, 291). Mais les textes d'« Éros » et des « Poèmes et PPA », tout en prenant parfois des tons d'angoisse et de désespoir, n'en restent pas simplement au stade de la désillusion. L'effort acharné qu'exige l'élan vers cette existence « autre » est évoqué de la façon la plus directe par des moments poignants d'arrêt textuel, l'usage répandu de tirets ou de points de suspension, et par des passages où l'expression finalement fait défaut. De tels textes ne sont pourtant pas nombreux, et en côtoient d'autres où le lyrisme ne s'affaiblit pas devant les lacunes du langage. Le trait stylistique le plus frappant, c'est sans doute l'utilisation que fait Valéry de termes et de concepts contradictoires, tant dans le dossier « Éros » que dans celui de « Thêta », pour suggérer les extrêmes de la sensation et de l'acuité

intellectuelle. Le mot *Dieu*, carrefour de tout un fond sémantique, se voit ainsi caractériser[22] ; et un texte du dossier « Éros »
met l'accent sur les alternances qui se situent au cœur de l'être
amoureux : « *Il admire d'être si présent et si absent, si éperdu
et si clair, à ce point son esclave et tellement souverain — Il
se livre et il se détache — Il se fond / Il se perd / et il se
dessine / et il se définit, se circonscrit. / Il est et cependant il
sera* [...] » (*C2*, 476).

On est très surpris de voir ces tendances, où plane un certain
brouillage sémantique, s'élaborer à côté d'analyses linguistiques
rigoureuses, de ce « *NETTOYAGE DE LA SITUATION VERBALE* » que
Valéry avance comme préalable à toute discussion de concepts
abstraits (*V*, 1316). Tout se passe, pourtant, comme si la dissem-
blance entre ce qu'il rejette comme « *les mots puérils d'amoureux* » (*TQ*, 722) et le frémissement d'un ailleurs tant désiré, était
plus apparente que réelle. « *C'est à l'indéfinissable de l'amour que
commence l'amour supérieur* » (*C2*, 540) : les caractéristiques de cet
amour sont analysées avec une grande perspicacité dans des textes
qui se situent constamment sur le seuil d'une découverte, pressentie comme éclatante, incommensurable :

L'amour extrême est une affection de la sensibilité générale — qui
s'écarte du réel sexuel — substituant au désir de la possession physique
un autre objet, dont la poss[ession] physique est un signe, un moyen...
L'être aimé est alors constitué en valeur infinie (d'où les relations
intimes avec la « mystique » [...]) (*C2*, 543)

C'est pour cette raison que le parcours qui lie « Éros » et
« Thêta » dans les *Cahiers* se dégage au départ d'une lutte
acharnée avec le langage — itinéraire qui est essentiellement une
régression vers les sources primitives du lyrisme, vers un degré
zéro de compréhension où l'« indéfinissable » prend forme et
figure, en accord avec les données premières de l'expérience.
Comme Valéry l'énonce lui-même, « *Il faut faire les mots égaux*

à zéro. *Et ceci pour se comprendre soi-même* » (C2, 631). Il est vrai, cependant, que cette volonté de révision linguistique par des processus réducteurs est moins révolutionnaire qu'on ne le croirait. La ressemblance entre la définition valéryenne du moi et certaines techniques pratiquées dans la littérature mystique pour s'approcher du divin est très remarquable. Chez des écrivains tels qu'Eckhart ou saint Jean de la Croix, l'expérience mystique est souvent exprimée soit comme une synthèse qui résout des différences et des conflits, soit comme un processus d'élimination qui émonde progressivement des mots ou des concepts périphériques. En ce qui concerne Eckhart, par exemple, la méthode choisie est parfois celle de la contradiction dialectique, comme dans le plan du traité perdu, *Opus propositionum*, fondé sur la confrontation systématique de thèses et d'antithèses. L'opposition entre « Être » et « Connaître » chez Valéry peut être rapprochée de ce processus ; mais c'est surtout au niveau de la langue et des difficultés éprouvées à exprimer une réalité transcendante que des parallélismes d'approche sont les plus saisissants. Le sermon d'Eckhart intitulé « Renovamini spiritu mentis vestrae » essaie de définir Dieu dans une suite étonnante de concepts négatifs, laissant au lecteur la perspective irréductible d'« Unité », « Vide » et « Pureté ». Le Je valéryen est soumis à un processus analogue pendant la purification qui précède un état rehaussé de perception. Les tentatives de définition du moi dans les *Cahiers* suivent très souvent la voie négative (« *via negativa* ») de la théologie scolastique : l'analyse en perpétuelle évolution nous montre la manière dont le moi, dans son état le plus réduit, équivaut à « *un élément* " *nul* " » (C, XXIII, 154), que Valéry circonscrit plus précisément comme « *le* *ZÉRO — qui n'est pas* *RIEN* » (XXI, 62). Un passage du dossier « Égo » établit une comparaison directe entre la quête du moi pur, refusant toute caractérisation commode, et les rigueurs de l'ascèse mystique :

Mystiques, ô vous! — et moi de ma façon, quel labeur singulier avons-nous entrepris! Faire et ne pas faire, — ne vouloir arrêter une œuvre matériellement circonscrite — comme les autres font, et nous le jugeons illusoire, mais enfreindre incessamment notre définitif, et toujours, intérieurement, en travail, vous pour Dieu, et moi pour moi et pour rien.                                                                                                (C1, 37)

Le lyrisme est le point de fusion de ces chemins divergents et pourtant parallèles dans les *Cahiers*. Aux yeux d'un poète pour lequel les «*actes de l'amour*» (C2, 541) sont comparables à «*ceux des exécutants d'orchestre*», l'importance du chant dans les textes lyriques en prose ne vient pas de son côté banalement poétique, mais de sa virtualité innée. Dans les textes les plus chargés d'affectivité, la langue arrive à un stade si engagé dans l'évocation par des moyens négatifs que les contours sémantiques, de par leur vague même, suggèrent un entremêlement de perspectives, une cacophonie d'expérience potentielle comme celle d'instruments qui s'accordent, avant que la richesse désordonnée du son ne soit remplacée par l'architecture rigide de la composition musicale elle-même. La modulation harmonique constante qui a tellement fasciné Valéry dans cette expérience l'a amené aussi à apprécier Wagner, à cause précisément de l'étonnante correspondance qui existe chez ce dernier entre les modulations du discours musical et celles qui se produisent au niveau de la psychologie et de l'affectivité de l'individu. Nous avons vu que le désir de transposer ce processus au niveau d'un nouveau style en prose, qui tire sa puissance lyrique de l'harmonisation et de la variation de certains leitmotive intellectuels de base — la « *MÉLODIE DES ASSOCIATIONS D'IDÉES* » à laquelle Valéry fait allusion dans le dossier «Poésie» (1608), et qu'il matérialise dans un «petit poème abstrait» des *Cahiers* (C, VII, 78) —, est une constante de ses préoccupations intellectuelles. Il en vient à appliquer les thèmes d'attente et de moments magiques de potentiel pur, tels qu'il les appréhende dans la salle de concert, non seulement à la perception aurale mais aussi à l'attente de l'esprit, qui anticipe une saveur exquise à mesure que les idées évoluent. Dans de tels moments, le poète peut apercevoir une communion entre le moi et «l'autre», union qui se dispense de mots en passant à un niveau encore plus intime de communication. Certains textes des *Cahiers* arrivent ainsi à un domaine liminaire de synthèse globale, où le moi concorde avec tout ce qui l'entoure. Une notation des plus brèves est remarquable à cet égard (XVI, 534). Dans ce mystérieux «*quelque chose de plus*» qui reste toujours juste au-delà du moi, enveloppé dans l'incertitude du conditionnel, Valéry le rationaliste ne peut pas ne pas indiquer discrètement le côté aléatoire de la quête d'une existence sublime. Mais au sein même du silence, de cette nouvelle «*musique des idées*», moins affirmée que pressentie dans les connotations suggestives des mots, s'élève le chant pur du voyant :

> On se parlerait sans paroles. La nuit pourrait venir
> Il y aurait quelque chose de plus —
>     dans ce qui n'est pas visible.
> (On serait bien autre chose « qu'heureux »)          (*C*, XVI, 534)

Le «langage sans paroles» retient un élément de l'incertain, mais dans le moment même de son débit, l'imperceptible se fait tangible : une situation très complexe est traduite dans son immédiateté, en parvenant à un degré tel de synthèse entre contenu et structure que le texte est classé d'abord par Valéry comme «poème», «Éros» et «Thêta». La sensation d'unité qui émane quand l'harmonie est ainsi réalisée embrasse toute chose. «"*Amour*"» — État chantant total» (*C2*, 541) : la rencontre entre l'expérience émotionnelle et le mysticisme qui naît de ce dépassement des registres normaux de réponses sensuelles et sentimentales, s'associe spécifiquement à l'épanchement lyrique de la poésie. L'image du chant est latente dans beaucoup des textes d'«Éros» et de «Thêta», et explique pourquoi un nombre consi-

dérable d'entre eux ont été classés comme «Poèmes et PPA».
Elle nous explique aussi, en premier lieu, la raison pour laquelle
Valéry a été si conquis par la traduction du *Cantique spirituel*
de saint Jean de la Croix. Mais l'importance de ce dernier va
plus loin encore, en nous montrant la manière dont la contradiction apparente entre l'ascèse mystique et l'affectivité peut se
faire tremplin vers une félicité totale de communication du moi.
En effet, derrière l'enthousiasme que Valéry exprime pour la
traduction du frère carmélite Cyprien de la Nativité de la Vierge,
nous sentons un engagement personnel, une véritable révélation,
en communion intime avec le poème original. Il est évident, à
la lecture des textes d'«Éros» et de «Thêta», que les deux
écrivains ont de nombreux points communs, en méthodologie
et en expression linguistique. L'essai «Cantiques spirituels» (*V*, 445-
57) voit le jour tard dans la vie de Valéry (1941); mais il est
fort probable que l'intérêt montré pour l'œuvre de saint Jean de
la Croix date de bien avant cette publication, surtout si l'on
considère la correspondance déjà tenue en 1935 avec la sœur
carmélite Jeanne Deléon (*C2*, 658). L'ouvrage est consacré princi-
palement à une analyse de la traduction en français (datant de
1641), tout en exprimant des vues sur le fond poétique original,
ce que la citation de l'espagnol viendra en fait confirmer. Quand
Valéry loue donc la «poésie pure» de la traduction, nous
sommes parfaitement en droit d'y voir tant le respect des vers
du frère carmélite que celui du poème primitif. Ce reflet du
saint lui-même, qui se dessine à travers l'intermédiaire du Père
Cyprien, place l'essai dans une perspective autrement plus importante que celle d'un simple commentaire sur la poésie ou sur l'art
de traduire. Car Valéry puisera dans les pérégrinations de l'âme
(l'«*Esposa*» du texte original) à travers la Nuit Obscure, à la
recherche de son bien-aimé (l'«*Esposo*»), à la fois un modèle
de sa propre quête de l'ineffable, et tout un dispositif méthodologique qui viendra éclairer son propre «mysticisme sans Dieu»,

dispositif auquel il apportera pourtant de sensibles modifications.

En abordant le lien entre le *Cantique spirituel* et la prose poétique des *Cahiers*, il est évident que le fond contrasté d'obscurité et de lumière sur lequel saint Jean projette la quête mystique, revêt une signification non moins symbolique dans les « Poèmes et PPA ». Un texte d'« Éros » (*C2*, 447-8) énumère toute la portée imaginaire des différentes étapes du cycle diurne et nocturne, et la manière dont l'amour peut les modifier (« *Le matin a perdu ses forces ; le jour ses charmes ; le soir, son apaisement* »). La puissance poétique des « aubades » et de bien d'autres textes du genre vient de la perception d'un calme intérieur qui dépasse la simple description, si belle qu'elle soit, de la tranquillité du jour naissant. Comme Valéry lui-même, nous voyons poindre ainsi l'unité profonde de principes antithétiques, qui harmonise les tendances analytiques de l'intellect et l'expression lyrique de la sensibilité.

Le jeu qui fait se correspondre de cette façon l'univers imaginaire et le monde extérieur, ainsi que la fascination de l'élémentaire et de l'irréductible, visible jusque dans le style condensé des « Poèmes et PPA », occupent une place toujours plus grande dans la prose poétique des *Cahiers*. De même que la quête mystique de Dieu peut prendre la voie apophatique de la négation progressive, comme aussi celle de l'annulation de contraires dans une synthèse totale, de même la « poésie abstraite » des *Cahiers* naît d'un effort suivi pour résoudre la contradiction entre lyrisme et activité intellectuelle, entre poésie et prose. La distance qui risque parfois d'éloigner le moi et sa méditation abstraite de toutes les richesses méconnues qui les entourent[23] est peu à peu réduite, surtout dans les grands poèmes en prose écrits dans les années Trente et Quarante. L'usage de symboles mathématiques risque parfois de nous dérouter ; mais en général de tels emplois représentent moins des éléments d'obscurité alourdissante qu'ils ne matérialisent la quête d'une essence irréductible à l'image de

l'expérience évoquée : «*Comme je sens à cette heure − − la* profondeur de l'apparence *(je ne sais l'exprimer) et c'est ceci qui est*
poésie. [...] *Ce que l'on voit alors prend valeur symbolique du
total des choses. Un paysage quelconque est un* δU *−− Il* cache
ce qu'il implique, exige » (*C2*, 1285).

Et pourtant, de par son caractère unique, cette expérience
risque constamment de se dérober à la communication. Ce qui
confère à l'intérêt pris par Valéry au *Cantique spirituel* une
impérieuse validité, c'est la tentative commune aux deux poètes
d'orienter le langage vers une description de l'ineffable. Comme
chez Valéry, l'antithèse poétique chez saint Jean de la Croix
devient la voie privilégiée vers la communication de la totalité
sublime du surnaturel, qui dépasse tous les registres conventionnels
de la comparaison :

> J'en étais à ce point imprégné,
> Absorbé, sorti de moi,
> Que je demeurai dans tous mes sens
> Dénué de tout sentir,
> Tandis que l'esprit reçut en don
> De pouvoir entendre sans entendre
> Transcendant toute science [24]

De même, la sensation d'être «hors de soi» est une observation qui revient plusieurs fois sous la plume de saint Jean de la
Croix :

> Je vis sans plus vivre en moi
> Et mon espoir est de telle guise
> Que je meurs pour ce que je ne meurs [25]

La diminution progressive des pouvoirs intellectuels au fur et
à mesure que l'âme chemine vers l'union divine est un aspect
important de la *via negationis*. Valéry, conscient lui aussi de la
tendance regrettable de l'intellect à méconnaître tout un domaine
de perception − «*La méconnaissance de la nature vraie des*

*choses est essentielle à la connaissance* » (*C*, XIX, 713) —, se penchera toujours plus vers la fin de sa vie sur les côtés affectifs et irrationnels du comportement humain, comme on peut le voir dans divers dossiers du classement des *Cahiers*. Tout comme l'union divine à laquelle l'âme arrive par des voies qui déroutent l'intellect, en passant par les négations[26] plutôt que par les attributs positifs, la prose poétique des *Cahiers* nous évoque une prise de contact fondamentalement réductrice avec la nature élémentaire des choses. La saisie poétique du « beau », lui-même cerné dans un nœud de négations extrêmes[27], autorise ce « *Silence devant ce qui est* » (*C2*, 636) qui représente toujours l'un des possibles quand finalement le langage fait défaut. La notion de vide épistémologique, de la suspension des mots usuels, en vient même à prendre une signification paradoxalement riche, touchant à la perfection qui jusque-là avait toujours semblé inabordable : « [...] *la perfection de ce vide mystique où rien ne doit se produire ou se propager qui provienne du monde sensible ou des facultés abstraites qui s'y appliquent* » (*V*, 446). D'où l'importance de ces textes des « Poèmes et PPA » qui chantent la « *propriété positive* » du « *vide et silence* » (*C2*, 1296), et dans lesquels le lyrisme sourd du silence même :

> La musique qui est en moi,
> La musique qui est dans le silence, en puissance,
> qu'elle vienne et m'étonne.
> <div align="right">(<i>C2</i>, 1267)</div>

On comprendra dès lors le sens capital de cette partie de l'essai sur saint Jean de la Croix, dans laquelle l'examen de la poésie bascule imperceptiblement dans celui de l'amour mystique, de cette « vie différente » et fugitive, tellement recherchée :

[...] il suffit [...] pour que nous nous sentions en péril prochain de poésie [...] que le simple ajustement des mots [...] oblige notre voix, même intérieure, à se dégager du ton et de l'allure du discours ordinaire, et la place dans un tout autre mode et comme dans un tout autre temps. Cette intime contrainte à l'impulsion et à l'action rythmée transforme profondément toutes les valeurs du texte [...]. Ce texte, sur-le-champ [...] agit pour nous faire vivre quelque différente vie, respirer selon cette vie seconde, et suppose un état ou un monde dans lequel les objets et les êtres [...] ont [...] d'autres liaisons que celles du monde pratique. (V, 450)

Nous touchons ici au cœur de tout un itinéraire heuristique, qui pose le processus de «traduction» mystique comme une expérience fondamentalement poétique, ayant pour foyer animateur la redécouverte du langage et de ses vraies possibilités évocatrices. En vertu de l'élan poétique qui les dégage de leurs gangues usuelles pour leur insuffler des rythmes différents, les mots permettent au lecteur une recréation de l'état visionnaire : ceci, en transformant l'expérience qui a lieu au simple *moyen* du symbole, et qui se prête trop au risque d'un décalage entre ce que les poèmes rapportent et ce que l'âme avait naguère appréhendé, en *expérience* de symbole même, qui n'admet pas de tels décalages. Bien avant saint Jean de la Croix, le poète du Cantique des cantiques avait chanté cette interdépendance entre l'abstrait et le concret. Le Cantique des cantiques, l'une des sources principales de saint Jean de la Croix, est mentionné une seule fois dans les *Cahiers* (*C1*, 257) ; mais dans son essai sur le *Cantique spirituel*, l'importance que Valéry accorde au Cantique des cantiques et aux Psaumes révèle qu'il est conscient de l'existence d'une autre voie vers l'expression de l'amour mystique, celle qui s'exprime non pas dans la rigueur de la poésie à forme fixe, mais celle qui, en combinant des éléments tirés de genres littéraires différents, accède également au plus haut degré de l'expression individuelle : «[...] *le Cantique attribué à Salomon a créé un genre allégorique particulièrement approprié à l'expression de l'amour mystique [...]. Les Psaumes, par exemple, participent de l'hymne et de l'élégie, combinaison qui accomplit une alliance remarquable des sentiments collectifs lyriquement exprimés* avec ceux qui procèdent du plus intime de la personne, et de sa foi » (*V*, 449). Si derrière le profil de saint Jean de la Croix, traduisant « l'indéfinissable » de l'amour mystique en vers réguliers et en poésie à forme fixe, se dessine aussi le chantre du Cantique des cantiques, évoquant une quête analogue de l'Âme et de son bien-aimé, mais sous une forme lyrique et antiphonale beaucoup plus libre, il est évident qu'en abordant le sujet du rapport « Éros »/« Thêta » on a affaire à un système très complexe d'influences prises et rejetées, développées librement et remaniées dans un style sensiblement différent. C'est bien dans cette divergence formelle par rapport à la poésie à forme régulière du *Cantique spirituel* que l'on peut mesurer la modification que Valéry apportera à sa lecture de saint Jean de la Croix. Car dans les «psaumes », écrits en prose poétique, et qui relient les dossiers « Éros », « Thêta » et « Poèmes et PPA » dans une inspiration lyrique analogue à celle qui caractérise le Cantique des cantiques et les psaumes bibliques, on a un témoignage supplémentaire des techniques descriptives parfois hésitantes qui caractérisent la prose poétique des *Cahiers*, et qui évoquent d'une manière saisissante les tours et les détours de la conscience créatrice, aux prises avec un univers lyrique dans lequel les formes poétiques traditionnelles éclatent pour former des configurations nouvelles.

Nous avons pu constater que dans les écrits souvent lyriques des dossiers « Éros » et « Thêta », ainsi que dans les textes des « Poèmes et PPA » qui s'apparentent à l'un ou à l'autre de ces deux possibles, l'exploitation systématique des formes métriques usuelles n'est pas suivie. C'est que la conjonction envisagée de l'abstrait et du concret — celle-là même où, comme l'indique l'essai sur le *Cantique spirituel*, «*la pensée pure a sa poésie* » (*V*, 449) — échappe de par sa totalité même aux contraintes trop rigides des critères métriques établis. Si pour saint Jean de la Croix l'extase mystique se prête sans trop grande difficulté à l'expression poétique, le dossier «Art et esthétique» réuni par Valéry nous montre à l'abondance que la quête des limites de la sensation esthétique ne saurait se contenter d'une expression seule et suffisante, mais que cette quête est fondamentalement lacunaire, appelant des voies d'expression multiples : «Beauté — *signifie inexprimabilité — (et désir de re-éprouver cet effet). [...] La propriété cardinale de ce beau tableau est d'exciter le sentiment de ne pouvoir en finir avec lui par un système d'expressions*» (*C2*, 971). Le fait que des esquisses lyriques traitant du rapport «Éros»/«Thêta» avec une étonnante variété s'échelonnent d'un bout à l'autre des *Cahiers*, porte à croire que les formes très structurées de la poésie pure, adoptées par saint Jean de la Croix, sont écartées en très grande partie comme inadéquates à l'expression heureuse de l'amour et de ses possibles esthétiques et affectifs transcendants. Néanmoins, derrière l'indice, souvent présent dans l'analyse de la langue dans les *Cahiers*, que la systématisation arbitraire de la perception et de la pensée, comme aussi du rêve[28], les trahit toujours plus ou moins, nous sentons encore le besoin interne d'une dialectique entre le concret et l'abstrait, entre la forme et le fond, le son et le sens. L'antiphonie du psaume et la structure modèle du flot interrogateur question/ réponse n'influent guère sur les directions mystiques de la dialectique «Être»/«Connaître»», à l'intérieur du moi. À cet effet, il est intéressant de noter que le Cantique des cantiques, source thématique principale de saint Jean de la Croix, emprunte la structure de parallélisme métrique assez libre (*parallelismus membrorum*) qui est très répandue dans la Bible. On distingue trois formes de cette tendance : parallélisme synonymique (figure de répétition utilisée souvent dans le Cantique des cantiques[29], visible surtout dans les appellations synonymiques de la bien-aimée[30]); parallélisme antithétique[31] ; et parallélisme synthétique (développement d'une proposition précédente[32]). Déjà la notion de dialogue entre principes antithétiques et pourtant complémentaires, primordiale chez Valéry, est à l'image de ce parallélisme. Les modèles bibliques influent jusque sur les motifs thématiques eux-mêmes : on retrouve, par exemple, l'image-leitmotiv de la colombe[33] et de la source abondante dans un psaume des «Poèmes et PPA» :

Ma fontaine tarit et son eau devient amère si la colombe et la
soif n'y viennent pas.
L'abondance devient le mal insupportable. L'eau qui jaillit
de l'esprit et de l'âme se ressaisit elle-même [...]
Malheureux qui allait donner, qui était fait pour
être obtenu, et pour répandre sa substance.                  (*C2*, 1277)

De telles phrases réalisent l'alternance intime entre les tendances à la fois concrètes et abstraites du psychisme créateur, fusion d'autant plus convaincante que les images oscillent constamment sur la ligne de partage entre le côté réel et le côté virtuel de l'expérience. Cette extrême tension interne, que Valéry décrit ailleurs comme *« Le terrible enchevêtrement des adhérences / Par quoi je suis tiré intérieurement à chaque mouvement − − et l'esprit ne fait que gémir »* (*C2*, 1288), ici traduite dans un texte où les phrases s'accumulent et débordent en accord indissoluble avec les pulsations de la douleur, ne saurait être confinée dans des formes étudiées et systématisantes. Les «Poèmes et PPA» privilégient, par exemple, de brusques révélations des dessous obscurs de la perception : nous avons vu que la locution *tout à coup*, par définition étrangère à l'enchaînement ou à la modulation graduels, s'installe fréquemment comme l'élément syntaxique qui déclenche l'opération du regard, promené sur un monde devenu irrémédiablement autre :

À la fenêtre, tout à coup,
Le beau fouillis de feuilles de plusieurs verts
[...]
À la fenêtre, tout à coup,

Je perçois
Une sorte de distance «métaphysique»
Entre ce qui se voit — et ce moi,
Une sorte de *distance* entre mes yeux
et moi, — qui
*Mesure* quelque état d'approfondissement,
Un écart,
Entre ce qui est et ce que je suis —
Pourtant, c'est mon regard que ce qui est...
Qu'est-ce que cette «distance»?  (*C*, XXIV, 691)

La poésie abstraite des *Cahiers*, tendue vers les «écarts» comme vers les «coïncidences» de la vie affective et intellectuelle, nous mène droit au cœur de ce lyrisme métaphysique. Seul, en effet, un style poétique qui reflète de la façon la plus transparente les rythmes fluides du fonctionnement de l'esprit et du corps, peut représenter l'étonnement du poète devant ces «écarts» radicaux, ou ses premiers pas tâtonnants à l'aube, dans la recréation journalière du monde comme du langage. De même, les textes remarquables qui se situent sur les confins d'«Éros» et de «Thêta» recréent, dans les heurts et les ondulations de leurs périodes rythmiques changeantes, la montée et la retombée des émotions, le flux et le reflux de l'enthousiasme, de la lucidité et de l'interrogation intellectuelles. À côté de ces brusques ruptures textuelles par lesquelles l'esprit fait irruption dans le *continuum* de l'imagination créatrice[34], d'autres écarts stylistiques tranchent nettement entre l'hésitation, puis la «confiance ailée» de l'esprit dans les aubades, et les poèmes souvent saccadés, nerveux, qui chantent le désespoir et l'angoisse de l'être à la nuit tombante ; ou encore, les rythmes apaisants et réguliers des pages où l'être, toujours dans l'obscurité, mais dégagé enfin de toute inquiétude terrestre, attend patiemment le point du jour.

C'est ainsi que la prose poétique des *Cahiers* établit souvent une correspondance entre tel état d'esprit ou de trouble affectif, et des rythmes particuliers qui évoquent de la façon la plus directe, par la disposition même des vers, les hauts et les bas de cette vie lyrique de l'intellect dont ils sont à la fois l'énoncé et la configuration, le contenu et la forme. C'est à travers cette étroite parenté qu'on peut voir la modification essentielle apportée à la poétique valéryenne par la prose poétique des *Cahiers*. Les divers «psaumes», «prières», «nocturnes», «élégies», «petits poèmes en prose», «chants» et bien d'autres textes lyriques qui ne portent pas de titre, matérialisent cette modification dans la diversité même de leurs tons. Valéry finira par voir dans la notion de «forme» non seulement les structures rhétoriques conventionnelles de son et de rime, et toute l'architecture de la versification, mais aussi un amalgame linguistique extrêmement condensé, combinant l'abstrait et le concret en une entité compacte et pourtant mobile, qui reste fidèle aux principes de création totale qu'exige la sensibilité intellectuelle. On ne peut qu'être frappé par la ressemblance qui rattache une telle conception aux *Illuminations* de Rimbaud, et aussi au «miracle» dont Baudelaire avait rêvé dans une lettre à Arsène Houssaye, cette «*prose poétique, musicale sans rythme et sans rime, assez souple et assez heurtée pour s'adapter aux mouvements lyriques de l'âme, aux ondulations de la rêverie, aux soubresauts de la conscience*» (dédicace des *Petits Poèmes en prose*). Valéry en viendra à définir le style de la «*grande œuvre*» (*MF*, 298) de Faust, passant «*merveilleusement*» «*de la prose aux vers*», comme un style «*qui épouse toutes les modulations de l'âme et toutes les sautes de l'esprit*» : conception, d'ailleurs, qui accuse une parenté étroite avec l'architecture mallarméenne de signes et d'espaces poétiquement chargés, et qui, de plus, introduit l'idée du texte comme substance assimilée et irrévocablement transformée par l'acte de la lecture (processus étudié dans la «Première leçon du cours de poétique»).

Mais en même temps la prose poétique des *Cahiers*, tout en se situant dans une tradition littéraire bien définie, s'en écarte pour créer un style nouveau. À la différence de saint Jean de la Croix, pourtant conscient lui aussi des risques de l'entreprise (« [...] *los dichos de amor en intelligencia mistica* [...] *con alguna manera de palabras se puedan explicar* »[35]), Valéry fera du silence de l'esprit devant l'ineffable non pas la simple mesure d'une capitulation (les «*gemidos inefables*» qui selon saint Jean exprimeraient ce que «*ne podemos bien entender ni comprender para lo manifestar*»[36]), mais la substance même de sa réaction. L'«*état du manque de mots*» (*C2*, 971) qui caractérise la beauté se fait ainsi le ressort principal de la création : plusieurs poèmes des «Poèmes et PPA» évoquent éloquemment le corps à corps de Valéry et du langage, dans le but de ranimer les clichés et les locutions stéréotypes. «[...] *je suis comme muet intérieurement*» (1262) : par la notation rapide, peu soignée de cette «poésie brute», les textes s'imposent avec urgence non comme de simples esquisses d'une importance secondaire, mais comme la voie même par laquelle le «mystique sans Dieu» accède à cette vision synthétique qui forme l'un des foyers créateurs les plus dynamiques de l'œuvre.

«*On est devant l'ineffable comme des enfants qui ne savent pas encore parler*» (*C*, VII, 785) : mais les «gémissements ineffables» relevés par saint Jean de la Croix, tout comme les règles métriques concernant hémistiches, strophes, coupes et rimes, sont écartés à la faveur des rythmes mêmes de l'esprit et du corps. Ceux-ci poussent à l'extrême de la perception et de la sensation, hésitant devant les lacunes, et reprenant pied avec des mots de tous les jours, proches de la prose descriptive, mais dont le timbre et les sonorités n'en restent pas moins ouverts au «*péril prochain de poésie*» (*V*, 450), comme Valéry le dit à propos de la traduction du Père Cyprien. État unique, fait de synthèse et de complémentarité, mais aussi très simple : «*Il me semble que l'âme bien seule avec elle-même, et qui se parle, de temps à autre, entre deux silences absolus, n'emploie jamais* qu'un petit nombre de mots, *et* aucun d'extraordinaire. *C'est à quoi l'on connaît* qu'il y a âme *en ce moment-là* [...] » (453). Dans les textes les plus réussis, la distance qui autrefois risquait de séparer le moi de l'«autre» est anéantie dans un accord complet :

On serait comme des dieux, des *harmoniques intelligentes* en correspondance directe,
des vies sensitives dont l'accord sonnerait
comme pensée, idée.
Sommet de la *Poésie* qui est après tout
communion.
Faire des heures qui seraient des
morceaux d'éternité.

(C2, 542)

La sensation de communion totale qui se dégage de tels poèmes, ceux-là justement où l'utilisation de divers sigles en dit long sur la profondeur de synthèse qui est atteinte, nous invite à voir dans la double postulation d'«Éros» et de «Thêta» du psychisme valéryen une source créatrice de la plus haute valeur. Mais c'est peut-être dans les deux tendances élémentaires du son et du silence que le «mysticisme sans Dieu» des *Cahiers* est le plus remarquable. Même dans des passages non classés des *Cahiers*, sans aucun rapport apparent avec les tendances majeures des dossiers «Éros», «Thêta» ou «Poèmes et PPA», le poète peut rester émerveillé devant le détail extraordinaire, défiant toute description, de choses banales — un arbre, par exemple (*C*, XXVII, 829) qui, tout autant que des extrêmes d'intensité émotionnelle, peut mettre à rude épreuve la langue comme instrument de la perception intégrée. La difficulté qu'éprouve Valéry à évoquer un phénomène unique et sa manifestation élémentaire, en poussant les mots jusqu'à leurs limites sémantiques, est communiquée avec vigueur dans l'un des plus originaux des «Poèmes et PPA» : «*À l'aurore. Ce cyprès* offre. *Cette maison dorée apparaît — que* fait-*elle? Elle se* \*CONSTRUIT *à* chaque instant [...]» (*C2*, 1285). La contemplation passive est remplacée par un sens dynamique d'engagement personnel, pendant lequel la langue redevient instrument d'expression du monde et du moi dans une intégration totale du sujet et de l'objet. Si le moi « se perd » dans plusieurs des poèmes en prose, c'est parce que la réalité submerge la conscience nette d'une différenciation sujet/objet, et que le mysticisme d'« Être » s'élargit jusqu'à comprendre le moi, absent à ce qu'il voit : « [...] *pour la durée d'un temps qui a des limites et point de mesure (car ce qui fut, ce qui sera, et ce qui doit être, ce ne sont que des signes vains)*, je suis ce que je suis, je suis ce que je vois, *présent et absent sur le Pont de Londres* » (*TQ*, 514).

Les « Poèmes et PPA » montrent que, tout comme les hauteurs de l'intégration mystique apportent un passage libre entre la présence et l'absence du moi, la création artistique ne dépend pas plus de réponses linguistiques positives que du « *manque et [de] la lacune qui créent* » (*C*, VI, 823). De telles « lacunes » peuvent en effet être créatrices, mais aussi profondément troublantes. Les attitudes de Valéry envers la langue, et les problèmes qui naissent quand sa capacité communicative ne répond plus à l'intensité de l'expérience, sont des aspects tellement centraux de sa prose poétique qu'ils appellent une étude plus poussée.

# V

# LES LIMITES DE L'EXPRESSION POÉTIQUE

IL arrive que la lecture des *Cahiers*, qui donnent au total une impression d'encyclopédisme, de certitude et de sûreté d'expression, soit brusquement arrêtée par des passages accentuant au contraire la difficulté d'écrire. «*Je suis à la campagne – je réfléchis à ce calme dans ce calme – et je vois tout à coup que je manque de mots, de notions ou subdivisions pour représenter cet ensemble changeant que les sensations et les pensées forment...* » (*C*, III, 97) : le surgissement de telles situations peut briser tout un cycle créateur, en jetant l'esprit dans un état de désillusion perplexe. C'est normalement aux moments où le poète essaie d'approfondir la nature de phénomènes élémentaires, caractéristique des «Poèmes et PPA», que l'expression devient problématique, tiraillée entre le désir d'articuler une réaction poétique aux choses, et la manière dont de telles choses ou expériences se dérobent à une formulation linguistique totalement heureuse. «*Où cesse l'expression, mais non le besoin d'exprimer, là commence (par définition) la* Mystique [...] » (XXII, 351) : ce stade intermédiaire, celui du potentiel lyrique sinon de la matérialisation poétique explicite, informe une grande partie de la prose lyrique des *Cahiers*. La pluralité et l'ambiguïté étant d'ailleurs les pierres de touche de la poésie, le désir d'expression qui précède les mots est en elle-même poétique, car par définition elle n'est jamais circonscrite dans une forme particulière. À côté de l'homogénéité d'intention qui est celle de la prose, la poésie évite l'affirmation nette et choisit une hétérogénéité de moyens expressifs : «[...] *la poésie a pour objet spécial* [...] *l'expression de ce qui est inexprimable en fonctions finies des mots — L'objet propre de la poésie est ce qui n'a pas un seul nom ; ce qui en soi provoque et demande plus d'une expression — — Ce qui suscite pour son unité devant être exprimée, une pluralité d'expressions* [...]» (*C2*, 1085-6).

Mais le style parfois très impressionniste de la prose lyrique a cette propriété remarquable de verser moins dans le vague d'intention et de réponse que dans un degré avancé d'acuité et de précision sensorielles. La poésie des *Cahiers* naît précisément de la tentative de douer les mots d'une nouvelle vie, et de les restaurer au niveau de limpidité sémantique qu'ils ne possèdent plus dans la langue usuelle[37]. Le manque de confiance dans un mot individuel pour préciser l'essence d'une expérience très intimement ressentie peut parfois entraîner des compensations quantitatives dans toute une série de termes reliés sémantiquement entre eux. À plusieurs reprises dans les «Poèmes et PPA» nous sommes confrontés à des suites de substantifs, chaque nom enrichissant son prédécesseur, et approfondissant le développement abstrait de l'expérience primitive. À une vision neuve du monde correspond de cette façon un emploi de la langue qui est plus étroitement intégré à l'expérience. En ce sens, la poésie brute acquiert un «fini» paradoxal — non dans le sens de la correction grammaticale ou stylistique, mais plutôt dans celui de l'aspiration vers un registre poétique qui communique la vérité psychologique brute de la perception première. Nous avons voulu suggérer que le remaniement délibéré de tels textes modifie l'élan problématique vers la pureté essentielle qui caractérisait les versions originales, et qu'un penchant inné pousse Valéry à voir la beauté littéraire en un processus par lequel les mots créent l'«*état du manque de mots*» (*C2*, 971). Nous avons déjà vu qu'une certaine conscience d'éléments inexprimables, d'un « je-ne-sais-quoi » qui s'installe dans l'image perçue du réel, peut être désirable dans le tâtonnement vers l'existence complète. Si le beau est le fuyant et l'ambigu, la sensation intense peut être reproduite tout simplement par l'évocation de l'activité tantôt fiévreuse, tantôt trébuchante de l'esprit. Dans les « aubades », par exemple, certains *stimuli* poétiques exercent un grand pouvoir lyrique sur l'intellect quand ils sont situés sur un fond de silence. Mais Valéry se voit obligé d'instaurer toute une gamme nouvelle de techniques descriptives qui soient capables de traduire un potentiel créateur d'une telle subtilité. Une vision où le temps s'arrête, immobilisant la scène en termes plastiques, peut être reflétée directement dans le style par la duplication des adjectifs (par exemple, « *vert pur* » (1246), « *purs bleutés* » (1262), « *aigus émoussés* » (1267)), la prolifération de substantifs et l'utilisation fréquente de constructions elliptiques. De tels emplois ralentissent le texte, et suggèrent la nature statique d'un éveil instantané au monde, en transcendant la temporalité qu'exprime le verbe.

De cette façon, le drame créateur a tendance à se réaliser entre les tendances opposées de condensation ou de diffusion sémantiques. Un texte poétique peut résulter à la fois du besoin instinctif de saisir la réalité avec précision, et d'une impression si condensée que quelques éléments judicieusement choisis peuvent réactiver toute la complexité de la sensation primitive. Un des « Poèmes et PPA » (XI, 662) illustre admirablement cette tendance, en nous permettant d'entrevoir non seulement le mécanisme de la création, mais aussi l'état de transcendance privilégiée dont la communication heureuse fournit la justification artistique de tout le texte. Par l'accent mis sur « *l'inexplicable en soi* », le texte occupe une position centrale dans la quête valéryenne de la réintégration du moi dans le monde. La structure du poème se caractérise par une économie de moyens en fonction inverse des associations d'images et d'idées que suggère la scène, et réalise le point de plus haute tension poétique par la soudaineté d'un immense bond imaginatif, rejetant les comparaisons : «[...] *une fois dépassée[s]* [...] *les comparaisons etc.*» (*C2*, 1284), pour finalement les reprendre : «[...] *impénétrable... comme une couleur*».

Ainsi un pont est-il jeté entre contenu («*les comparaisons*» (*C2*, 1284)) et structure linguistique («*comme*»), en accentuant le lien synesthésique entre son (le chant d'un oiseau) et couleur. Les théoriciens de l'image littéraire, tel André Breton dans ses *Manifestes du Surréalisme*[38], ont traditionnellement centré sa structure sur le rapport qui existe entre des domaines d'expérience très différents. Valéry, fidèle à cette tradition, y introduit ses propres priorités : le véritable esprit créateur, que ce soit dans les sciences ou dans les arts, ne peut être défini que par sa capacité de sentir vivement les choses, autant que par sa capacité de les comprendre. D'où la présence dans un texte (XI, 662), comme dans beaucoup d'autres des «Poèmes et PPA», partant au début de sensations intenses («*J'écoute l'oiseau invisible dans la structure dorée, sombre, immobile* [...]»), d'une conscience de proportion et de continuité structurelles internes : les trois formes substantives de «*l'inexplicable en soi, le bruit, la sensation impénétrable*» suivant naturellement la construction ternaire analogue qui les précède («*la structure dorée, sombre, immobile*»), et la triple répétition de l'état de ravissement auditif («*J'écoute, j'écoute et ce que j'écoute*»). Le poète suggère de cette façon le flot continu d'images qui unissent des tendances contraires et les modes de perception dans lesquels elles s'incarnent. Le recours à la négation («*l'oiseau* INVISIBLE - *une fois* DÉPASSÉE *l'idée de chant*») aide le poète à communiquer un sens palpable de la masse, un sentiment très positif de présence élémentaire («*Je ne trouve que l'inexplicable* EN SOI - *la sensation* IMPÉNÉTRABLE »). Cette création positive à partir d'un état négatif est une caractéristique des textes lyriques qui sont en accord avec cette «*musique qui est dans le silence, en puissance*» (*C2*, 1267).

La nature peut envahir subrepticement la sensibilité poétique avec une gamme délicieuse d'éveil subtil : «*Le silence se peint par un bruit. On entend une mouche voler, l'herbe croître ; et l'immobilité par un mouvement. On voit l'ombre de l'arbre se déplacer*» (*C*, IX, 740). La recréation de l'état d'esprit transporté qui accompagne la redécouverte de la réalité est une marque de distinction qui relève l'individu : «*Roi imaginaire du silence, du possible de pensées*» (XXI, 225).

Les inscriptions du Palais de Chaillot[39] rappellent la valeur irremplaçable d'une vision constamment renouvelée. La pratique d'observer intensément les objets, et de les dévêtir de leur contingence banale, peut mener à deux genres d'expérience. L'émerveillement devant l'originalité de l'existence peut être suggéré en un éclair de reconnaissance — «*J'ai* rencontré *Notre-Dame* — *Je veux dire qu'elle m'est apparue tout à coup* [...] *en objet inconnu* — *sans rapports antérieurs avec moi* — [...]» (*C2*, 1297) — ou par la longue immersion contemplative dans la réalité et l'élévation qualitative des objets les plus courants. «*Tout se réduit finalement* [...] *à considérer un coin de table, un pan de mur, sa main, ou un morceau de ciel*» (*C*, XVI, 573) : cette tendance est née à l'époque de *Monsieur Teste*, comme le montre le motif récurrent du mur[40], non-objet dans lequel le moi se perd par une méditation sur tout ce qui l'entoure. L'image qui incarne le mieux le lien abstrait entre l'essence d'une chose et sa manifestation perceptible relève d'un phénomène physique — le processus par lequel une photographie prend forme sous l'action d'une solution chimique : «*Si on allait plus avant, on apercevrait toujours la trame* Soi, *la matière* soi *du Non-soi* — *comme une photo au microscope se fait grains* [...]» (*C*, XV, 708). Mais la précision revient sur elle-même, et finit par être préjudiciable à son propre but. Le silence, en effet, surgit au sein de toute quête de la signification : «*Toute chose regardée fortement perd son nom*» (*C1*, 465). La compréhension elle-même peut y être impliquée : «*J'écoute si attentivement les/tes/ses paroles qu'elles n'ont plus de signification. Et je regarde si spécialement ce visage qu'il n'a plus ressemblance ni valeur de visage. Alors commence le vrai, le pur, le* présent» (*C*, XIV, 259). Des nuances sémantiques extrêmes peuvent même entraver jusqu'à l'activité poétique : «*Il y a une obscurité qui résulte nécessairement de l'extrême précision. — Il y a une précision qui exclut le* lyrisme — *et le* poète pêche en eau trouble» (XV, 85). Un passage d'*Analecta* résume l'aliénation croissante qu'entraîne l'analyse toujours plus détaillée — cette «*division trop fine ou attention trop poussée*» (*TQ*, 736) par laquelle «*les choses perdent leur sens*». «*On voit, mais on a perdu ses notions à la porte. [...] La partie et le tout ne communiquent plus*» : une perte de signification et de caractéristiques normales est souvent l'état préliminaire de l'intensité de perception. Ces moments privilégiés prennent un ton de lyrisme mystique qui est poétique en lui-même ; mais des problèmes de communication tendent naturellement à s'accroître en fonction de l'intensité des impressions sensitives subies : «*Le désir de "réalisme" conduit à chercher de plus en plus puissants moyens de* rendre» (584).

La quête de la précision, de la nécessité linguistique, se manifeste à de nombreux niveaux de l'imagination créatrice. Mais en termes de contenu et de propriété des images, c'est surtout le thème de l'aube qui se prête à l'évocation d'une telle vision. L'idée de recommencement est présentée en termes d'identité dernière entre des mots et des objets, et de fin du décalage perturbateur entre la langue et la profondeur d'expérience qu'elle est censée traduire : «*Les noms se sont posés définitivement sur les choses*» (*C2*, 1299). Les objets de la vision se distinguent progressivement, et l'accent mis sur la fin de ce qui est essentiellement une expérience de transmutation («*Ce qui va être se débrouille et se dégage*») suggère que le préalable de la poésie elle-même est précisément le vague de forme et de langue que favorise l'aube, et que les rayons du soleil vont peu à peu dissiper. Cette tension qui s'installe entre l'état d'ambiguïté, propice à l'épanouissement poétique, et les structures pourtant classificatrices de la langue, est le cœur même de la vision valéryenne dans la prose lyrique des *Cahiers*. «*À mesure qu'on s'approche du réel, on perd la* parole» (*C1*, 386) — l'état où les mots manquent peut provoquer certaines réponses physiologiques, dont celle de la larme[41]. Dans l'un des «Poèmes et PPA» (*C*, III, 772), la progression vers l'intensité émotive, et l'échec parallèle de la communication, s'unissent pour atteindre un point culminant physiologique, ce «*trop-plein de l'impuissance*» qui fait de l'«*Équilibre de l'inavouable / Et de l'ineffable*» la charpente de son propre énoncé poétique. Mais dans l'acte même de sa composition, le texte articule une mise en garde : la poésie en prose n'est pas créée à partir de la simple effusion d'impulsions émotives inarticulées, toutes lyriques qu'elles soient. Car la poésie est équilibre, et l'épanchement de l'émotion est tout le contraire : «*La poésie la plus élevée essaye de balbutier ces choses, et de substituer à ces* effusions, *des* expressions» (*C1*, 415). Les «Poèmes et PPA» opèrent un processus de sélection, en un sens très différent de celui de la poésie en vers : celui de la clarté perceptive, qui isole l'unique élément compact d'une expérience donnée, capable de suggérer le tout. Par leur hésitation et leur discontinuité, de pareils passages expriment le tout de la réaction poétique — non seulement la beauté saisissante de l'impression sensorielle primitive, mais également l'embarras de l'esprit, confronté à la description de l'apparemment indescriptible. C'est pour cette raison que le goût de nuances très fines de perception, de l'intellect et de la sensibilité à l'écoute d'eux-mêmes, est si remarquable dans les «Poèmes et PPA» : perception égocentrique (*«J'essaye de m'écouter»* (*C*, V, 655)), introversion intellectuelle (*«J'entends le bruit de cette idée»* (I, 222)), ou états de conscience extrêmement fins (*«la légère lame tremblante - l'unique bruit d'une feuille* » (*C2*, 1262) ; «*immense fine musique infiniment petite*» (1270) ; «*Ondes fines très intenses, mais très étroites*» (1292)).

L'importance du concentré et du concis dans le style des poèmes en prose réside donc non seulement dans son emploi impressionniste, mais dans les impressions annexes et les sentiments apparentés qu'un mot ou une phrase donnés peuvent évoquer. Aussi la signification immédiate d'un mot découle-t-elle à la fois de sa qualité d'élément vital dans une structure d'ensemble, et de son rôle de miroir microcosmique. Le principe d'interdépendance qui s'établit entre partie et tout est d'une importance cruciale dans la prose poétique des *Cahiers*, tant au niveau de la composition qu'à celui de la recréation que représente l'acte de lecture. L'écrivain tente de formuler le caractère saturant de ses expériences en termes directement proportionnés à la densité et à la précision du monde tel qu'il le voit ; et le lecteur, procédant en sens inverse, est invité à faire converger sur le texte qui en résulte toute la puissance créatrice de «symétries de sens» (analysées dans le dossier «Langage») et de réseaux associés d'images. Nous retrouvons ici cette contraction radicale et cette expansion subséquente de la langue ; Valéry établit même une comparaison centrée sur la notion d'accident inchoatif (formant le point de départ de l'un des «Poèmes et PPA» : «*un événement candide sur l'obscur de la mer*» (*C2*, 1291)), qui réunit l'idée de mouvement concentrique et celle des profondeurs de la compréhension dans l'image d'ondulations aquatiques qui s'élargissent : «*Il faut jeter des pierres dans les esprits, qui y fassent des sphères grandissantes ; et les jeter au point le plus central, et à intervalles harmoniques*» (*TQ*, 679).

Beaucoup de «pierres» de ce genre sont lancées à l'esprit et aux sens dans les *Cahiers*. En général, les textes sont courts, leur effet irradiant et fortement suggestif relevant de la condensation du style. La beauté d'une notation telle que : «*Un jour*

82

*est une feuille de l'arbre de ta vie»* (*C2,* 1304), découle de la symétrie rigide d'une identification concret/abstrait, suivant laquelle les mesures temporelles abstraites du jour et de la vie dépendent de l'image centrale du feuillage d'un arbre. La chute des feuilles, symbole des années déclinantes, préfigurent la froideur hivernale du tombeau, et le tronc nu, la charpente élémentaire inanimée à laquelle toute vie est finalement réduite. On retrouve dans cet emploi particulier d'images certains parallèles étroits avec la littérature orientale. L'un des «Poèmes et PPA» (*C,* XIX, 910) emprunte la forme traditionnelle du *hai-kai* japonais, lui-même terme générique qui comprend *renga* (en premier lieu, improvisation poétique, dans laquelle deux ou plusieurs personnes composent alternativement un vers de trente et une syllabes, suivant le modèle métrique 5/7/5/7/7), et le *haiku* plus connu, poème de dix-sept syllabes complet en lui-même, et composé de la triade 5/7/5 qui constitue la structure quintuplée du *haikai.* Conformément au style improvisé, Valéry abandonne la structure syllabique traditionnelle dans son *haikai* pour construire le poème sur le thème de l'attente, développé souvent dans les *Cahiers* et dans la poésie en vers. La venue de la pensée est comparée à la douce apparition du clair de lune, traduite en termes de présence féminine :

> La lune tout à coup s'est fait place
> Dans le trouble du soir
> Comme une femme curieuse dans la foule
> Se trouve au premier rang. (*C2,* 1300)

Ce poème est le seul exemple de la poésie *haikai* qui soit classé spécifiquement comme tel dans les *Cahiers,* mais des parallèles et des similitudes avec le squelette poétique de base du *haiku* sont beaucoup plus répandus. Ils nous aident à saisir la complexité et la nature de la lutte émouvante avec les mots, le silence stérile qui peut en résulter, et les moments de création exprimant toute une atmosphère ou le caractère poignant d'un sentiment en un éclair de puissance évocatrice, engendré par une pleine compréhension des moyens nécessaires pour atteindre ce but. Nous pouvons seulement en appeler à des indices[42] pour tenter de préciser les lectures de Valéry dans le domaine de la littérature orientale. Il est évident, néanmoins, que beaucoup d'aspects de son approche de l'existence ont des points communs avec certaines attitudes orientales, dont les plus saisissantes sont celles normalement associées au Zen. Des notions du caractère totalement « tel quel », sans prétention, des choses, que l'on trouve surtout dans les poèmes consacrés à l'aube (« *Ce Dieu du réel, du Tel Quel* [...] » (*C2*, 1259)), et des exemples de contradiction (« *Le vide de tout ce plein* ») qui, nous l'avons vu, indiquent l'approche des extrêmes de l'expérience intellectuelle ou sensorielle, trouvent un parallèle immédiat dans les antithèses extraordinaires du Zen, posant l'insignifiance totale et le négatif comme l'essence la plus profonde de l'expérience (« Rien est Tout »). La notion du vide expressif, corollaire qui découle de cette attitude, imprègne tous les niveaux de la conscience artistique du Zen. Les *haiku* eux-mêmes suivent souvent la technique des aquarelles orientales, qui consiste à brosser le fond du sujet en laissant vierge le centre lui-même, déjà suggéré par les objets qui l'entourent. Par la densité de leur puissance expressive, et les images multiples qu'ils évoquent avec un minimum d'« effort » littéraire, ils fournissent une solution commode dans la quête d'un médium littéraire souple, l'essence du *haiku* provenant de sa nature elliptique qui ne fait que suggérer les éléments desquels il naît, en évitant toute affirmation. Il est vrai que même dans quelques-uns des poèmes en prose les plus courts, Valéry « dit » peut-être un peu trop, et affaiblit ainsi la force de la sensation dans des développements abstraits — telle est la nature du « petit poème abstrait ». Mais les textes les plus réussis nous laissent avec la sensation d'une plénitude, d'une proximité au monde tel qu'il est, vide de concepts et de la stérilité de la métaphysique abstraite, comme à l'époque où, tout enfants, nous le découvrîmes pour la première fois.

Un motif de prédilection exploité dans les *haiku* est celui de l'oiseau et de la branche. La solitude et le sentiment de la désolation qui s'approche sont sensibles dans un poème de Bashō :

> Sur une branche rabougrie
> Un corbeau est perché,
> Dans le crépuscule d'automne [43]

Avec une simplicité analogue, Valéry suggère en un seul vers toute la dialectique de l'« Être » et du « Connaître », en opposant la substance corporelle au caractère éthéré et lyrique de l'esprit — mais en même temps évoquant cet enracinement profond dans la vie qu'il a toujours plus tendance à considérer comme la force du corps, plutôt que sa faiblesse : «*Sur l'arbre de chair chante le minime oiseau spirituel*» (*C2*, 1248). Le chant de l'oiseau ne reste d'ailleurs pas simplement statique. Dans une image sensorielle composite, le poète mêle le son mourant au point de fuite visuel dans une manifestation physiologique de l'ineffable. Le son se termine nécessairement dans le silence, tout comme les mots eux-mêmes, subitement réalisés sur un fond d'impulsions lyriques, s'évanouissent avec la même fugacité. Mais la poésie a pu naître : «*Ces hirondelles se meuvent comme un son meurt. Si haut vole l'oiseau que le regard monte/s'élève à la source des larmes*» (1260). De même, le poète japonais Ampu exprime la même fascination devant le mystère du monde naturel, dans un poème où le vol piqué d'un oiseau ne peut être pleinement enregistré qu'en termes de croissance ou de diminution du son :

> L'hirondelle :
> Sa voix seule est tombée,
> Ne laissant rien derrière elle. [44]

En raison de l'extrême restriction linguistique qui préside à leur composition, beaucoup de poèmes *haiku* sont contraints d'adopter un enchaînement imbriqué d'images, qui verse parfois dans la synesthésie. D'où un poème de Bashô

> En retraite, silence.
> Tailladant dans le rocher de la montagne,
> La râpe de la cigale[45]

nous rappelant « *l'insecte net* » (*Ch*, 149) du « *Cimetière marin* », et l'étrange matérialité du chant des oiseaux dans les « Poèmes et PPA » : « *Les oiseaux* [...] *taillent des cris dans l'inouï* » (*C2*, 1279). Mais la synesthésie est rarement intentionnelle : comme dans « *Les Grenades* », où le fruit mûr crève « *À la demande d'une force* » (*Ch*, 146), rupture aussi peu prévue qu'irrésistible, beaucoup des « Poèmes et PPA » donnent l'impression de « s'être écrits » avec la plus grande facilité, et d'être par la suite tombés sous l'impulsion de la nature, fruits d'une double finesse, d'une maturité doublement nourrissante, comme le relate une observation poétique des plus brèves : « *L'arbre corps énorme entre la finesse de ses principes dans la terre et la finesse de ses conséquences aériennes* » (*C2*, 1252). Leur simplicité est celle, modeste, de simples ébauches ; et pourtant en les examinant de plus près, en « goûtant le fruit », précisément, nous découvrons qu'ils détiennent la fraîcheur et la limpidité de gouttes d'eau, la perfection du diamant.

La force d'une telle poésie vient essentiellement de la capacité d'intégrer l'expérience, et d'établir de nouveaux parallèles pour rassembler les divers fils de l'expérience. La perception du « tel quel » des choses n'est aucunement ressentie comme une borne, mais au contraire constitue une riche illumination personnelle qui suspend le cours du temps. L'authenticité absolue de la vision dans de tels textes, comme dans les *haiku* japonais, naît de l'identification totale du poète avec chaque situation individuelle, permettant une facilité et une variété étonnantes dans l'invention des images. Dans des situations où l'esprit passif ne verrait aucun rapport, Valéry saisit toujours des liens et des similitudes en leur insufflant un sentiment très prenant de vérité descriptive.

Le rôle du *haiku* dans l'étude des techniques littéraires de nombreux poèmes en prose ne saurait être sous-estimé. En même temps, nous avons vu que les techniques exigées pour «matérialiser» l'accablement engendré par le silence sont liées au même cadre perceptif que celui qui active la voie apophatique conduisant à la communion divine, la *via negativa*. Celle-ci est construite également selon une connaissance fondamentalement rétrécissante et réductrice de la nature ultime des choses. Mais l'importance de chacune de ces deux tendances, à nous aider à saisir le fond conceptuel à partir duquel se cristallise la prose poétique des *Cahiers*, est dépassée par la lutte pour traduire la perception, face aux déficiences de la langue, lutte qui contraint le poète à abandonner les modes traditionnels de communication poétique, et à adopter de nouvelles méthodes. C'est pour cette raison que la prose poétique des *Cahiers* ne saurait recevoir de verdict d'inégalité ou de style peu élaboré. L'articulation de l'expérience doit renaître quotidiennement : nous avons fréquemment l'impression d'assister à d'immenses bonds intuitifs[46], au moyen desquels le moi peut enfin suggérer toute la complexité de sa perception. Dans l'écho répété que renvoient les images, comme dans leur substrat émotif, la prose poétique esquisse non pas le point de fuite angoissé de Narcisse dans les «*Fragments...*», mais les signes avertisseurs d'une totalité de vision. Celle-ci, en effet, lie le particulier à l'universel, et intègre les aspects troublants du silence à un langage poétique qui est paradoxalement circonscrit, mais qui résonne de tout un fond de ramifications mythiques et phénoménologiques — comme ces «*cris infimes*» (*C2*, 1288) animant le «*Chant cristallin de la Statue de Memnon*», menant à la déclaration triomphante finale, «*j'étincelle muet*», à mesure que la poésie est effectivement cristallisée.

La quête des liens qu'il y a entre la multiplicité de détails et le tout qui leur confère la validité, est poursuivie constamment dans les *Cahiers*. L'invocation à un « *Seigneur Inconnu* » (C2, 1249) explicite la tentative personnelle de découvrir de nouveaux rapports : « *Ce monde n'est pas infiniment relié, mais j'ai dans le tien recherché quelques liaisons nouvelles. Il nous enseigne ta présence et ton absence* [...] ». La notion du lien entre les composants et la totalité qu'ils constituent est centrale dans la conception valéryenne de la création, comme à la place que la prose poétique y occupe.

# VI

## DU DÉTAIL AU TOUT :

## LA PERSPECTIVE DE LA CONVERGENCE

L E lien entre des éléments individuels et la structure de directives abstraites à laquelle ils sont apparentés, forme le fondement implicite de centaines de passages analytiques des *Cahiers* : «[...] *reconstituer un certain Tout au moyen d'une certaine partie*» (*C*, XIV, 393). L'intérêt pour le détail et pour le système de comportement qui dicte sa formation et son existence, se répand à tous les niveaux de l'imagination créatrice, brassant non seulement la fascination de la graine en général, mais le processus de reproduction chez l'homme, comme le montrent les dossiers «Éros» et «Bios». L'importance de l'image, pourtant, relève surtout de l'imbrication paradoxale de notions contrastantes, qui à la fois sépare le détail du tout et l'intègre à une structure d'ensemble, tel le spermatozoïde et l'être humain qu'il constituera : «*Comment un spermatozoïde transporte tant de caractères qui reparaîtront* [...] *ceci passe l'esprit* [...]» (*C2*, 761). La fascination d'un phénomène qui dépasse les limites normales du logique et du prévisible signale un thème qui exercera une forte emprise sur l'imagination de Valéry : «*Je ne vois rien en aucun genre qui soit plus* mystique, *plus exorbitant que ce fait. Un cristal tombant dans un liquide saturé, cristallise tout* − − » (721).

L'interconnexion d'éléments lyriques et leur totalisation en œuvre globale sont également révélatrices dans le domaine de la poésie. Puisqu'un « poème » se compose de fragments de « poésie pure » à ce que dit Valéry, certains poèmes en prose reprennent des thèmes qui figurent de manière saillante comme des subdivisions de *La Jeune Parque*. Deux des « Poèmes et PPA », la vision des îles (*C2*, 1247-8) et l'acte de pleurer (1252), datent de bien avant la composition de *La Jeune Parque* (respectivement 1899 et 1906), et un troisième texte intitulé « *Divers* » (1305) en est l'écho direct de l'ouverture. Qu'ils datent d'avant ou d'après *La Jeune Parque*, le classement ultérieur de tels textes indique la valeur indépendante que certaines images détiennent aux yeux du poète, ainsi que la nature fragmentaire du poème en vers lui-même. Les parties qui constituent une totalité peuvent donc s'illustrer de la façon la plus immédiatement « poétique » : alors que *La Jeune Parque* façonne un équilibre finalement arbitraire entre forme et contenu, les poèmes en prose saisissent le fonctionnement de l'imagination, perçu dans l'un de ses moments critiques, et l'orientent moins vers la formation d'un réseau d'images que vers la recréation de l'instant qui avait déclenché le mouvement créateur de l'esprit.

Dès lors nous pouvons mieux apprécier la tendance que nous avons déjà mentionnée chez Valéry, à réviser souvent les textes publiés de son vivant dans le sens d'une amplification : extension à la fois de la forme et du fond, développement par association des impressions sensorielles et des idées qui formaient la charpente du texte original. Car c'est uniquement par une cohésion double, unissant tous les niveaux textuels, que le rapport liant des unités poétiques autonomes au tout qui leur confère une signification d'ensemble peut être suffisamment suggéré. Si la traduction heureuse du moi dans *La Jeune Parque* dépend d'une série d'éléments construits selon le critère de la compression spatiale, qui est celle du diamant et du scintillement diamantin de la larme, elle dépend également de la concentration temporelle qui est celle de l'instantané. Cette coïncidence espace-temps est le stade préliminaire duquel naissent les réponses poétiques les plus sensibles. La quête du caractère unique de l'expérience («*Quelle merveille qu'un instant universel s'édifie au moyen d'un homme, et que la vie d'une personne exhale ce peu d'éternel!* [...] *Ô moment, diamant du Temps...* » (*M*, 351)) dans laquelle la partie serait en accord parfait avec le tout, est visible dans les «Poèmes et PPA» et dans bien d'autres textes des *Cahiers*. De même que certains éléments poétiques prédominants de *La Jeune Parque* sont soit préfigurés, soit reflétés dans des poèmes lyriques très compacts, de même beaucoup d'autres textes condensés contrastent le moi avec la réalité ou avec l'univers, le «même» avec l'«autre», le détail avec l'effet général. La relation moi/environnement se fait la recherche de la consonance parfaite qui désigne le détail comme l'image exacte du tout dont il porte l'empreinte en miniature. Le thème peut être riche d'une telle résonance affective qu'il n'y a que la coloration spirituelle de «Thêta» qui puisse l'accueillir :

La grandeur de l'individu, c'est de n'être rien du tout aux yeux du Possible, − du Tout − qui est l'*autre membre*, car l'*Un* est *Deux* et le *Même est Autre*.
Et l'Un traverse l'Autre et le contient et l'Autre traverse l'Un et le contient comme anneaux de fumée ; et le Tout et le Rien sont complémentaires, s'appellent, se répondent.
[...]
Amour le plus profond est peut-être de donner à ce *Tout* un visage et un nom [...]

(C, XVI, 489)

Le sentiment d'identification peut amener une constatation telle que «*l'homme est littéralement univers*» (*C*, V, 266), de sorte que, vers la fin de sa vie, Valéry peut envisager le rapport partie/tout comme tenant du «plaisir», d'un penchant naturel aux proportions esthétiques, dans lesquelles les sens tiennent un rôle important :

Il y a plaisir quand *tout* l'être se rend, se livre, s'offre et tend à se confondre à une sensation, qui se change en besoin de reprise ou de durée. Le *tout* désire la *partie*. *Tout le « temps »* a soif de *l'instant* [...].

Le vers doit apporter de quoi se faire répéter, *aussi indéfiniment que possible*. (XXIX, 437)

Comme l'indique ici la dernière phrase, il n'y a qu'un pas qui sépare le rapport entre le moi et la réalité, et le lien entre tel élément poétique et son « poème ». Les fragments de prose lyrique réunissent souvent le fond d'images et la forme qu'il matérialise dans le même essor vers une compréhension d'un type nouveau. L'un des « Poèmes et PPA », texte d'une seule phrase, qui réussit à communiquer un sentiment lyrique d'une façon typiquement incomplète, associe la forme au contenu dans un mouvement concerté vers leur unification : « *Ces grands cieux où tant d'événements qui s'ignorent s'unissent dans l'œil de l'homme* » (C2, 1277). Partie et tout sont ainsi envisagés comme coïncidence immédiate, puisque l'œil humain met en relation des événements du macrocosme qui risqueraient de demeurer isolés, et par conséquent unifie, dans un contraste paradoxal, les notions d'unité microcosmique et d'immensité incoordonnée de l'univers.

Des passages existent, pourtant, où la comparaison entre partie et tout est envisagée dans des termes beaucoup plus radicaux, comme perturbant la nature apparemment définitive de beaucoup de préceptes « logiques » qui régissent l'existence. De tels textes parlent sur un ton interrogateur parfois troublant d'un ordre des choses qui rendrait absurdes les bases rationnelles mêmes de bien des notions couramment admises. Ce qui paraît scandaleux aux yeux du mathématicien ne l'est peut-être pas aux yeux du poète, et *vice versa*. Dans le dossier « Mémoire » Valéry note : « *Si on peut prendre la partie pour le tout, la réponse pour la demande, l'antécédent pour le conséquent — ces relations qui admettent toujours une infinité de solutions sont par là caractéristiques de "l'esprit"* [...] *D'où l'imbroglio éternel et l'irrationalité – Un tas d'équations imparfaites, – d'absurdités. 1 = 100 etc.* » (CI, 1220-1).

Les conséquences de ce glissement potentiel de conception sont de toute première importance dans la prose lyrique des *Cahiers*. Car la poésie elle-même, aspect essentiel du rapport partie/tout (« *Quand les œuvres sont très courtes, le plus mince détail est de l'ordre de grandeur de l'ensemble* » (TQ, 681)), est profondément impliquée dans les caractéristiques dislocatrices de telles « absurdités ». Il est vrai, bien entendu, que le « petit poème abstrait », en mettant simultanément l'accent sur des thèmes de nature intellectuelle, et en faisant une large place aux sensations ou aux émotions les plus vives, ne diffère pas tellement, à cet égard, de la poésie plus traditionnelle de *Charmes*, de *La Jeune Parque*, et de l'*Album de vers anciens*. Mais le lecteur, en considérant un « petit poème abstrait », est confronté à une expérience littéraire très différente, dans laquelle la poésie sourd de motifs abstraits et peu poétiques. Certes, quelques textes des *Cahiers* sont lyriques au sens musical du terme, celui de solo vocal. Mais appliquer des conditions valables pour des vers à la prose poétique, c'est méconnaître un changement subtil dans la conception valéryenne de la poésie. Comme la composition fragmentaire de *La Jeune Parque* nous l'indique, le processus qui unit poétiquement des vers et des images individuels avec le tout poétique qu'ils constituent peut être disloqué, la forme étant réévaluée en termes autres que ceux de mètre et de genres établis, si une structure fixe s'avère trop rigide pour l'évocation de l'angoisse mentale ou émotionnelle extrême. Non que l'oscillation fondamentale entre son et sens perde de sa pertinence du point de vue de l'imagination créatrice. Au surplus, en dépit du mouvement qui tend à s'éloigner des règles rigoureuses de la versification, et à privilégier le fragment par rapport à la mise en forme des parties en un tout construit, plusieurs des poèmes abstraits tirent une bonne part de leur tension structurelle précisément de la juxtaposition de ces deux attitudes envers la création. C'est ainsi qu'un texte classé comme «PPA» (*C*, VII, 78), publié dans «Rhumbs» (*TQ*, 602-3), et qui traite d'un problème intellectuel très spécifique, celui des «associations d'idées», réunit dans le même mouvement créateur la spécificité thématique et une technique en fait très différente, qui avance de perception en perception en amalgamant des éléments apparemment éloignés les uns des autres. *La Jeune Parque* s'apparente à cette tendance, en raison de thèmes qui reviennent et de l'existence implicite de certains points de repère thématiques, à partir desquels une impression totale est finalement construite. Dans «Ego Scriptor», Valéry définit la poésie comme «*cet Enchantement qui consiste dans une sensation de liaison des éléments ou des idées* [...] *Chaque élément ou membre appelle d'autres selon contraste, similitude, symétrie,* production du maximum *d'éveil ou* d'hypnose *et d'émerveillement* [...]» (*C1*, 291).

Les «Poèmes et PPA» ne sont certainement pas étrangers à un tel concept. Mais leur place unique vient de leur caractère singulièrement solide, qui permet la coexistence de tendances contrastantes ou antithétiques, sans qu'une accumulation correspondante de tensions internes, issues de la formalisation de sens complexes, vienne constamment menacer d'y passer outre. La tentative de synthèse qu'incarnent les «Poèmes et PPA» s'accorde entièrement avec le mouvement microcosmique qui associe la compression de la forme avec une expansion proportionnée des images et des thèmes suggérés. Synthèse certes problématique : quand le pendule poétique du son et du sens n'a plus de rapport reconnaissable avec une intention poétique précise, nous avons tout droit d'interroger la nature de l'impulsion poétique, et la manière dont elle est réalisée. Mais de toute façon, la «reconnaissance» en tant que telle perd de son importance à partir du moment où commence l'acte de lecture. La perception du lyrisme par le lecteur, que le texte soit écrit en prose, en vers ou en un mélange des deux, peut seulement avoir lieu en amorçant une appréciation active. Que le texte invite à une classification comme «poésie» ou comme «prose», il doit d'abord être appréhendé visuellement comme objet perceptible aux sens; et c'est précisément par l'alignement de mots écrits sur la page que le lecteur aborde l'ouvrage, et en acquiert une impression de sa cohérence esthétique et spatiale.

Ce qui à première vue peut sembler un truisme est en fait très important pour toute appréciation de la poésie qui peut être inhérente au texte en prose. Dans les *Cahiers* des développements lyriques sont souvent profondément impliqués dans le rapport entre la pensée et l'affectivité, entre le caractère intangible de la conscience et la matérialité de l'«Être». La vraie nature du poétique aux yeux de Valéry, c'est l'amorce d'une transition entre ces états apparemment antithétiques, un transfert de l'un à l'autre, sujette aux mêmes lois de consommation et de dissipation de l'énergie qui façonnent l'univers physique : rapport d'inspiration essentiellement thermodynamique, qui nous ramène ainsi à l'un des intérêts les plus conséquemment suivis par Valéry dans les *Cahiers*. De même que pour les lois de la perception, d'ailleurs, qui lient l'échec précédent de la reconnaissance à l'acquisition du savoir au sens culturel le plus large[47], l'appréhension de la nature invariable des choses dans beaucoup des meilleurs «Poèmes et PPA» se fonde au départ sur la matérialité brute et la relativité de la cognition conceptuelle. Des concepts et des généralisations imposent à la réalité des contraintes artificielles; en fait, l'abus de la vision conceptualisée vient surtout de l'incrustation sémantique accumulée de la langue. C'est l'instant qui seul peut révéler le total et le multiple; projeter une notion de permanence sur le réel, c'est fausser son essence, qui est instabilité structurelle :

J'ai parfois le don de *vision étrange* [...]

Il consiste à percevoir tout à coup par l'imagination
les choses comme appartenant à une multiplicité —
et la chose je ne la perçois plus par les « catégories » mais
comme objet particulier, et l'état particulier d'un objet
particulier — ce *fait* étant la *vraie* chose — ; puis cette
vraie chose me montre la multiplicité de ses « rôles ».          (*CI*, 90-1)

La nature instantanée de la désagrégation du réel et l'imper-
manence fondamentale des choses est curieusement semblable à
la terminologie de la relativité, et à la tendance poursuivie dans
une direction parallèle à « *décomposer les choses en atomes et
les atomes en leurs éléments* » (*C*, X, 639). L'œuvre valéryenne tout
entière montre que la conjonction d'une vision atomique du
monde et la promulgation des théories de la relativité n'est pas
une simple coïncidence. Valéry était bien au courant des nouvelles théories qui avançaient l'équivalence de la matière et de
l'énergie : les *Cahiers* accordent une place de choix à la théorie
des quanta, selon laquelle les quanta d'énergie se comportent non
seulement comme des ondes mais comme des particules d'énergie
lumineuse. Dans un univers en transformation continuelle, la
poésie, par sa modulation entre forme et contenu, relève non
moins du processus de transformation énergétique que d'autres
phénomènes mobiles. Déjà, à la cinquième strophe du « *Cimetière
marin* » [48] (publié dans la *Nouvelle revue française* en juin 1920),
nous trouvons l'idée du passage de la matière à une force ani-
matrice, dans un mouvement qui transcende les limites du temps
(présent et futur) et de l'espace (présence et absence). Un
fruit, en effet, est d'abord circonscrit spatialement comme une
masse commensurable ; mais sa substance est modifiée par la suite
en éléments nourrissants (glucides-vitamines) et en quanta variables
d'énergie potentielle, en proportions égales à la saveur primitive
de l'objet entier.

Ainsi Valéry communique-t-il une vérité scientifique dans une
forme poétique, reconnaissable dans « *Le Cimetière marin* » à

partir des complexités de rime, de syllabification et d'autres techniques prosodiques. La poésie de la prose, pour sa part, n'a pas nécessairement à sa disposition une telle gamme de moyens dans l'art de la suggestion. Nous voyons pourtant s'affirmer toujours plus nettement dans les *Cahiers* la comparaison entre la décomposition de la matière, figurée dans l'ingestion et la digestion du fruit, et la nature de la poésie, qu'elle soit écrite en prose ou en vers. Un texte, qui examine les propriétés du fruit, établit la distinction entre «*Esthéton*» et «*Somaton*», en les présentant comme les deux constituants principaux du processus à la fois volontaire et inconscient de prise et de nutrition :

Comparaison —
  Un *fruit* et ses *qualités* : saveur, figure, odeur.
On le mange — on les détruit — et la substance assimilable
devient *SOI.
  Il y a donc 2 constituants anthropo-nomiques :
*Esthéton* et *Somaton* (E +S)
  L'*Esthéton* pour l'appel, l'acte initial semi-réflexe —
  Le *Somaton*, subséquent, pour l'utile, le *réflexe*, le *sans-conscience*, ni *souvenir* —
  [...]
La comparaison avec Forme et Fond —                    (*C*, XVIII, 720)

Ainsi l'«*Esthéton*» (ce qui est senti, perçu, et par extension, la peau elle-même qui sent) représente l'appel primitif, l'attrait moteur initial, seulement semi-réflexif et donc plus ou moins articulé — la perception immédiate du délice qui émane de la saveur, de la senteur et de la suavité visuelle qui sont liées à la forme. Mais si l'«*Esthéton*» est une expérience esthétique, le «*Somaton*» le complète étroitement par une expérience abstraite, car la forme une fois devenue contenu tout l'accent glisse vers une perspective interne de plénitude intellectuelle. Le «*Somaton*» (ce qui est réflexif et interne au corps) est donc caractérisé par tout ce qui est en contraste apparent avec la forme : l'utile, l'inconscient, le réflexif total des pensées et des idées — tout ce qui est de la plus profonde vertu nutritive, et à l'opposé de toute notion de substance. Et pourtant, partant d'une série complexe et paradoxale de contrastes, les deux termes dépassent vite l'idée d'opposition, pour se compléter étroitement. Un « petit poème abstrait » tel que le suivant réunit les notions de forme et de fond pour en faire la substance du texte :

ppa
    Alphabet (et du fruit passer à l'amour)
    *Le fruit.* Soupeser un fruit qui est œuf,
charge, masse organisée complète,
*attente.* Machine à traverser le temps.
Preuve ou indice de vie et vouloir fermé, enfermé,
nœud dans la durée si les conditions extérieures ne sont pas
exorbitantes de certaines valeurs.
                                          (*C2*, 742)

Les deux éléments grâce auxquels fonctionne « *la machine à traverser le temps* » (*C2*, 742) sont donc nettement reconnus dans un passage qui lui-même fournit la charpente essentielle d'une « poésie abstraite ». Mais ce n'est pas simplement à partir d'images dérivées de notions de forme/contenu ou de réel/potentiel que la poésie est finalement engendrée. Le fondement de cette dernière est le mouvement — l'oscillation du pendule, plutôt que les seuls pôles d'« Être » et de « Connaître » entre lesquels il se balance. Il est tout à fait dans l'ordre naturel des choses que des propriétés soient mélangées, et que des apparences soient subitement obscurcies. Dans cette perspective, Valéry avance l'idée que la tentative de saisir le sens ultime des choses peut atteindre seulement un certain optimum, en fonction de la situation de l'homme dans l'univers et de l'anthropomorphisme de notre conception du monde. Passé cet optimum, la précision de notre saisie ne peut que décliner. On peut se perdre dans le microcosme pour mieux le comprendre, mais il en résulte une moindre conscience du macrocosme auquel il est lié. Au cœur même de tout ce qui est le plus logiquement scientifique, comme aussi du plus humain — *«Ceci est général : en logique, au microscope dans le rêve, dans la profonde méditation, dans les états horriblement détaillés de douleur, d'anxiété»* (TQ, 737) —, ce qui semble le plus concret s'avère le plus abstrait, et *vice versa*.

La relativité de perspectives touche ainsi au concret et à l'abstrait mêmes, et à travers eux aux notions de forme et de contenu, au perceptible et au réflexif, au plaisir et au pur utilitarisme de la nourriture physique. Comme le fruit et la première bouchée qui transforme son essence même, l'objet littéraire ne saurait rester une chose substantielle une fois commencé l'acte de lecture. C'est en fait la réaction du lecteur qui est capitale dans toute tentative de définition des éléments poétiques des «Poèmes et PPA». La complémentarité de principes qu'implique la création doit, en effet, être reflétée non seulement au niveau de la composition, mais à celui de la perception du texte : *«La pensée doit être cachée dans les vers comme la vertu nutritive dans un fruit. Il est nourriture, mais il ne paraît que délice. On ne perçoit que du plaisir, mais on reçoit une substance. L'enchantement, voilà cette nourriture qu'il conduit. Le passage est suave»* (V, 1452). Un texte poétique doit d'abord être appréhendé visuellement, en tant qu'objet perceptible ; la transformation ensuite de l'objet à l'immatériel, de la forme au fond, établit un cercle énergétique, car la pensée exprimée en vers et communiquée par le poète au lecteur est de la même nature que la réciprocité de la matière et de l'énergie — elle doit être cachée dans une forme latente, pour que la faiblesse de l'entendement humain engendrée par les déficiences de sa composition physiologique ne l'encourage pas à regimber devant un obstacle trop abstrait, et le rejeter tout à fait. L'expérience tout entière qui accompagne le processus d'ingestion intellectuelle doit être rendue agréable, avant que la génération d'énergie ne puisse commencer, en activant le mouvement vers la poésie elle-même — le lecteur étant tout entier occupé à apprécier la sensation que les mots évoquent, disposés en fonction du son, du rythme ou de la musicalité, et assimilant par là la « moelle » intellectuelle qui le nourrit.

Dans un passage de « Littérature » (*Tel Quel*), Valéry définit la poésie et sa relation avec les « choses », qu'elles soient des émotions ou des objets concrets, comme une sorte de circonlocution expressive dans laquelle la force qui jette un pont entre la chose écrite et le délice du lecteur est l'énergie créée quand le poème lui-même est entamé, et le processus obscur d'ingestion intellectuelle est déclenché. Pour la création poétique comme aussi pour la lecture, le moteur dynamique qui les anime reste le même :

### LA POÉSIE

Est l'essai de représenter, ou de restituer, par les moyens du langage articulé, *ces choses* ou *cette chose*, que tentent obscurément d'exprimer les cris, les larmes, les caresses, les baisers, les soupirs, etc., et que *semblent vouloir exprimer les objets,* dans ce qu'ils ont d'apparence de vie, ou de dessein supposé.

Cette chose n'est pas définissable autrement. Elle est de la nature de cette énergie qui se dépense à répondre à ce qui est...        (*TQ,* 547)

La « chose » qu'exprime le « dessein » latent des objets est ce noyau de vérité qui justifie leur existence signifiante, à partir duquel ils manifestent leur nécessité et imposent leur pertinence fonctionnelle, dépassant leur caractère fortuit comme des accidents de la nature. La poésie est vue ainsi comme la tentative de « re »-présenter une essence d'existence qui dépasse le contingent pour renouveler nos conceptions de la vie humaine. Ce n'est pas non plus que le produit poétique en général diffère de par sa nature des choses qu'il représente. « *Cette chose n'est pas définissable autrement* » (*TQ,* 547) : le lien entre l'univers subjectif de la création poétique et le monde est tout à fait indissoluble. Le donnant-donné complexe au cours duquel la poésie se cristallise comme l'image d'un cycle créateur, répété sur un registre différent dans l'acte de la lecture et de l'appréciation, est donc reflété à tous les stades de l'expérience littéraire. L'indice du lyrisme poétique est précisément le sentiment aigu de la matérialité immédiate des objets, que la « chose » en question trouve sa référence dans le monde extérieur, ou qu'elle soit le texte lui-même : « *Le lyrisme est le genre de poésie qui suppose la* voix en action — *la voix directement issue de, ou provoquée par,* — *les choses que l'on voit ou que l'on sent comme* présentes » (549).

L'accent mis sur la matérialité de l'expérience poétique tout entière est typique : pour Valéry, la priorité de la forme est littérale, parce que la consommation antérieure de la substance est seule capable de fournir l'énergie nécessaire à une appréciation poétique intégrale, qui est le jeu libre du son et du sens, du plaisir sensuel et de l'ingestion consciente du texte : « *Poésie, poésie, puissance chantante des moments, tu es énergie libre, supérieure, communicative,* — *qui t'organises des systèmes de* choses *tels qu'ils rendent ce que tu leur donnes* » (*C*, XIV, 907). Ainsi la poésie contient-elle intrinsèquement une double pers-pective de transfert énergétique : l'acte original de la part de l'auteur, qui reformule l'essence matérielle, et l'expérience d'assi-milation intellectuelle par laquelle passe le lecteur. Que Valéry voie l'objet créé comme une représentation immédiatement phy-sique de la réalité, est confirmé dans une analyse des *Cahiers* où la « *puissance de transformation* » (I, 574), celle créée dans le passage d'un état perceptif à un autre, est évoquée sous les termes de « *puissance de représentation* », qui est précisément la définition de la poésie figurant dans « Littérature » (*TQ*, 547). « *Il y a des œuvres/écrivains qui ne sont, ou ne donnent, qu'*énergie [...]; *ce qu'ils donnent est l'équivalent d'une crise* [...]. *D'autres sont aliments ou altérants* — *changent les sensibilisations* — *les réflexes acquis etc.* » (*C2*, 1222) : dans les deux domaines, les « Poèmes et PPA » sont exemplaires. La lecture comprise comme le mouvement cyclique de l'énergie, de la substance à l'immatériel, du son au sens, dans un processus qui active la puissance de la « compréhension » poétique — telle est la force motrice qui anime les textes en prose lyrique des *Cahiers*.

Il n'est ainsi guère étonnant qu'en dépit de l'importance de « choses » dans les « Poèmes et PPA », comme dans la poésie en prose de Ponge, un si grand nombre des textes soient caractérisés par la fluidité du langage, et par la substitution d'une vision mobile à la simple description, vision qui se présente soit comme rétrécissement, soit comme expansion tendue vers une vue d'ensemble de tout l'objet. « *Toute chose considérée s'éparpille en un infini de relations. Toute relation considérée se durcit en chose* » (*C*, VI, 214) : d'où « *S'endormir* », par exemple, classé à la fois comme « Rêve » et « PPA » (*C2*, 97), n'est délibérément pas la description du sommeil ni du rêve, mais l'évocation des perspectives changeantes de la conscience dans le mouvement vers le sommeil, dirigé activement par le moi. Ce n'est pas non plus que la notion centrale de mouvement et de progression d'un point à un autre dans un état donné soit limitée au contenu. L'idée de la variation progressive s'exprime tout autant par l'utilisation de tirets caractéristiques de la conversation, procédé répandu dans la prose poétique, comme si le lecteur assistait à un dialogue entre des faces différentes du moi, élaboré parmi des voix changeantes qui s'entrecroisent confusément l'une l'autre.

Si pourtant les mots formant la matière du microcosme qu'est l'objet poétique restent sujets à de telles variations internes comme au principe de la modulation entre forme et contenu, ils n'en reflètent pas moins les grandes lois structurelles qui président à une vue « relative » de l'univers physique. Dans un texte remarquable du dossier « Langage » (*C1*, 433-4), Valéry voit l'importance de la structure de la phrase dans le reflet qu'elle offre de la vue architecturale d'Einstein sur le monde et sur la place que l'homme y occupe. C'est ainsi que le sens de la situation de l'individu dans le macrocosme s'apparente au sens d'ensemble de toute une phrase, qui peut être très différent de la simple somme de sens des mots isolés. La langue est considérée comme une totalité complexe d'action et de réaction, de syntaxe et d'inflexion, dans laquelle la définition arbitraire d'éléments isolés peut être radicalement révisée et rafraîchie, réintégrée de façon plus significative dans les techniques de la perception.

Il est étrange que malgré cette perspective si optimiste et le développement du genre «petit poème abstrait» par d'autres écrivains, les *Cahiers* nous renvoient aux problèmes liés à la découverte de la signification des choses. La possibilité que la compréhension du minuscule mène à la distorsion du sens même qu'elle devait au départ récupérer, était inévitablement présente dans l'éclaircissement que fournissait la relativité. Du vivant même de Valéry, les conséquences dévastatrices d'une science «nucléaire» avaient tragiquement démontré que l'examen microscopique de la matière pouvait être pertinent jusqu'à un certain point, mais qu'il menacerait ensuite de faire échouer sa propre entreprise, celle de joindre l'homme plus étroitement aux objets de sa puissance de vision et de ses autres sens. De temps en temps nous entrevoyons un homme tiraillé profondément entre une foi naturelle dans l'empirisme progressif, dans le sens du progrès de l'homme, et une sombre prescience de déséquilibre, dans lequel l'existence de l'individu comme être conscient ne peut plus être conçue dans l'extraordinaire étrangeté du réel. «*Il est infiniment plus aisé de décomposer les choses en atomes et les atomes en leurs éléments que de composer les éléments et atomes en choses*» (*C*, X, 639) : dans le premier cas, l'expérience est tout simplement celle de l'isolement, du démantèlement de structures habituelles ; le second comporte un sens très élaboré de synthèse. La désintégration atomique peut être si complète qu'elle peut risquer non seulement de perdre contact avec le tout, mais de confondre la perception même que nous avons d'elle — la «*notion de l'atome*» (XI, 891) étant caractérisée par la suite comme «*un infiniment loin de nous qui est si proche qu'il est en nous*».

Dilemme où constamment perce l'indécision, et qui frôle le désespoir. À la fin de sa vie, en 1944, Valéry compose deux textes complémentaires, le premier révélant les effets de l'impasse dont les contours sont dessinés dans le second. Sur un ton sombrement interrogateur, le second texte arrête le progrès intellectuel du poète à un carrefour méthodologique :

> Vas-tu former en toi d'abord un *tout*,
> une figure fermée finie, et chercher
> ensuite le détail —?
> Ou bien, de tel précieux élément de
> ta présence, vas-tu favoriser la croissance,
> va-t-il emplir le destin d'œuvre complète
> Que sais-je?
> Car nul mortel ne peut à la fois produire
> le tout et la partie, le détail et l'ensemble, la
> forme avec la chair.
> (C, XXIX, 258)

C'est l'impact de cette indécision sur des attitudes lyriques envers le rapport de la partie et du tout, qui indique de la façon la plus saisissante l'angoisse du poète. Dans le passage précédent, Valéry célèbre le rapport cyclique auquel il a tant aspiré, qui lierait la partie et le tout ; mais le degré zéro final de cette «*somme nulle*» (XXIX, 258) rappelle ironiquement la trajectoire mobile suivant laquelle partie et tout devraient être en communication libre, l'une décrivant un cercle complet de relations pour ainsi réaliser l'autre :

> Du particulier au général au particulier ;...
> Du détail au Tout au détail —
> Du Mon Corps aux Idées, au Monde, au Corps, aux Actes —
> Du plaisir au zéro à la douleur au Zéro etc.
> De la crainte au courage, à l'espoir, au désespoir..
> De l'imaginaire au réel, du réel au probable, à l'idée, au réel...

Etc
et toujours de l'heure à l'heure et du jour à la nuit au jour à la nuit ! —
Ô somme nulle !

(XXIX, 258)

En lisant, nous sommes portés par l'élan lyrique, fût-il déses-
péré, du texte même, pendant qu'il procède de la perception
abstraite à la perception concrète, pour finalement aboutir à
reconnaître le poids écrasant du quotidien. Car c'est l'énergie
latente dans la substance originelle des mots et de leur agencement qui confère de la validité sémantique à la décomposition
qu'exige la compréhension, et qui, en même temps, réintègre la
conscience à la nature. Par leur apparence parfois hermétique, les
poèmes abstraits des *Cahiers* semblent se dérober à toute tentative d'interprétation ; mais comprendre, c'est d'abord assimiler
l'ouvrage considéré, le faire un avec soi-même. Le principe inscrit
au fronton du Palais de Chaillot, et qui doit guider tout commerce véritablement participatif avec les trésors qu'il renferme,
pourrait s'appliquer aussi bien à tous les aspects de l'œuvre de
Valéry, mais par-dessus tout à la prose lyrique des *Cahiers* :

> Il dépend de celui qui passe
> Que je sois tombe ou trésor
> Que je parle ou me taise
> Ceci ne tient qu'à toi
> Ami n'entre pas sans désir

# CONCLUSION

Eɴ lisant la prose lyrique des *Cahiers*, nous ne pouvons manquer, en dépit de la diversité évidente du dossier «Poèmes et PPA», d'être surpris par la vision très unifiée du réel qu'il évoque, en condensant des réactions très diverses à la perception dans un style descriptif des plus directs. «*Il y a dans le fonctionnement de l'être, une* partie *ou une Voix qui représente le* Tout [...]*»* (*C*, XVI, 511) : en ce sens, la validité représentative de la « voix » qui anime les textes en prose lyrique, peut atteindre une pureté qui dépasse la brillante maîtrise technique de la poésie en vers, par le raffinement des références connotatives des mots au point où tout un contexte se dévoile sous l'effet de ce qui semble être la plus mince allusion. Dans la mesure où les textes lyriques sont créés à partir d'une diversité prodigieuse de perception et de conscience sensorielle, ils sont également le reflet condensé des impulsions les plus fondamentales qui poussent le poète à l'acte d'écrire. La poésie en prose des «PPA» évoque l'unité au sens le plus profondément synthétique : «*Poésie est formation par le corps et l'esprit en union créatrice de ce qui convient à cette union et l'excite ou la renforce. / Est poétique tout ce qui provoque, restitue, cet état* unitif» (*C2*, 1107).

Cette union intime n'est pas, comme nous l'avons vu, moins évidente dans les rapports qui lient l'écrivain au lecteur, et se situe au centre de toute lecture cohérente de la poésie de la prose abstraite. Les textes divers consacrés à l'élaboration d'une poétique nous montrent à quel point les notions d'auteur et de son public se confondent aux yeux de Valéry. La conception de la poésie ébauchée dans l'enseignement de Valéry au Collège de France est en fait fondée sur une métaphore qui voit dans l'acte de la création poétique et la tentative subséquente du lecteur de faire « revivre » le texte, les principes économiques de l'offre et de la demande. La notion valéryenne de l'état poétique comme essentiellement état de transfert d'énergie, s'accorde parfaitement avec ses vues concernant la réaction du public à un ouvrage poétique, comme l'ingestion initiale de la substance pendant laquelle le « produit » lui-même est profondément transformé par le processus de la compréhension. Une fois lancé, un produit peut ainsi s'éloigner presque totalement de la motivation et des circonstances qui l'ont vu naître : «*Mes vers ont le sens qu'on leur prête* »[49].

Le principe moderne de la pluralité de registres sur lesquels la lecture peut avoir lieu, principe qui situe les « PPA » dans le grand courant de la théorie littéraire du vingtième siècle, reflète une poétique qui, par sa nature même, est un concept synthétique, débordant des catégories et des définitions pour façonner sa propre individualité. Les propos de Todorov[50], qui nuancent la théorie d'un Valéry précurseur du Formalisme, peuvent être accommodés dans la perspective de l'appréciation de la poésie valéryenne par Valéry lui-même, légitimant tout jugement critique. Certes, on ne saurait dire définitivement si les passages finalement reconnus par le poète comme prose poétique étaient ou non consciemment entrepris dès le départ, en vue de la constitution d'un genre littéraire indépendant. Ceci semble improbable, puisqu'ils ont tendance à s'intégrer naturellement à leur contexte, et se dérobent ainsi à toute intention de catégorisation. Quoi qu'il en soit, leur rassemblement comme genre poétique à part, figurant dans des recueils ou des ouvrages individuels aussi divers que le cycle *Teste, Mélange, La Jeune Parque, Eupalinos* et les « Inspirations méditerranéennes » de *Variété*, est profondément révélateur. Ces situations représentent pleinement le dilemme du poète, hésitant quelquefois entre plusieurs classements possibles d'un passage donné, et suggèrent tout au moins, par l'association même de poésie et de prose, un effort concerté vers l'harmonisation de points de vue créateurs opposés.

Nous avons vu que c'est l'aspect inchoatif, essayant de jeter un pont entre forme et formation, qui est si caractéristique de la poésie en prose des *Cahiers*. La présence du *poïein* de la poésie à d'autres niveaux créateurs mérite un examen plus fouillé, que nous ne pouvons que signaler ici : dans le domaine de la composition, par exemple, où les croquis et les aquarelles des *Cahiers* valent par la réponse qu'ils donnent, eux aussi, au désir d'expression. Une étude reste à faire de la disposition de contours et de couleurs, et surtout de leur rapport avec des textes lyriques où des difficultés d'expression linguistique sont compensées en recourant au pinceau plutôt qu'à la plume.

Mais c'est la postérité du genre du « petit poème abstrait » qui fournit la vraie mesure de son importance dans la littérature du vingtième siècle. Si Valéry figure rarement dans des études de la prose poétique[51], il n'en reste pas moins que le phénomène « PPA » revient fréquemment dans l'œuvre d'écrivains tels que Ponge et Char, et lègue un héritage littéraire remarquable à Nathalie Sarraute. Dès 1938, cette dernière définit la notion de « tropisme » comme « *ces mouvements indéfinissables qui glissent très rapidement aux limites de notre conscience, qui sont à l'origine de nos gestes, de nos paroles, des sentiments que nous manifestons, que nous croyons éprouver et qu'il est possible de définir* »[52]. Le rapport négligé qui lie de telles réactions élémentaires devant la réalité au concept du « petit poème abstrait », et à des textes de Valéry où des actes réflexifs d'une grande simplicité apparente sont présentés comme relevant de pulsions psychologiques complexes, est très surprenant.

Si un certain degré d'autonomie peut être attribué ainsi à la prose lyrique des *Cahiers*, comme une forme artistique qui reflète tout l'éventail de la création dynamique du poète, les textes peuvent également être situés par rapport aux perspectives suggérées par la situation littéraire de Valéry, comme aussi au développement du poème en prose lui-même. Que des objets littéraires délimités et autonomes, opérant un processus de synthèse, tirent leur puissance en même temps d'une gamme intellectuelle et sensorielle très disparate, n'est qu'un autre indice de leur valeur représentative de certaines grandes impulsions créatrices à l'œuvre dans les *Cahiers* tout entiers. C'est pourtant leur simplicité qui, au cœur des pages parfois très abstraites des *Cahiers*, peut nous émouvoir le plus : l'éventail encyclopédique que parcourent les *Cahiers* fait vivement ressortir le ton de nombreuses observations personnelles très simplement exprimées. La simplicité s'impose comme la clé à la fois de la compréhension la plus profonde et de l'intégration la plus riche du moi à tout ce qui l'entoure : «*Nous réprimons l'enfant qui nous demeure et qui veut toujours voir pour la première fois*» (*V*, 890-1).

Ce sont les textes en prose poétique qui figurent à l'avant-garde de ce processus explorateur. Les perspectives instables d'un monde qui interroge sans cesse le rapport de l'esprit avec le corps et la réalité, laissant le moi perplexe et incertain, déclenchent une quête dont les *Cahiers* tracent l'itinéraire changeant : «*L'objet de l'homme est la synthèse de l'homme — la retrouvaille de soi comme extrême de sa recherche*» (*CI*, 351). Dans les parallèles et les contrastes qui sont établis plus spécifiquement entre la poésie en vers et la poésie en prose, l'on peut mesurer les pleines dimensions d'un tel parcours. Les douces ironies qui découlent en 1941 de la publication de passages de «Poésie brute» par un poète aux yeux duquel des «*recherches volontaires* [et le] *consentement de l'âme à des gênes exquises*»[53] sont les exigences de son art, devraient nous prévenir de leur signification jusqu'ici largement négligée.

1. L'une des rubriques établies par Valéry lui-même contenue sous l'intitulé « Poèmes et PPA » dans l'édition des *Cahiers* présentée par Judith Robinson.

2. « *6-1-32. À l'Acad[émie] Bazin me tire à part et à mon immense étonnement me fait de grands compliments sur mes* Poèmes Abstraits *de la* Revue de France *! Le ton mystique de ces pièces − a dû l'impressionner. Je tombe des nues. L'obscurité de ces essais dont je suis fort peu satisfait ne l'a pas rebuté ni choqué !* » (*C1*, 271).

3. Citons parmi d'autres le motif de la procréation (par exemple *C*, IV, 424 ; XX, 349, 504-5). Un texte lyrique qui chante l'émerveillement du poète devant l'embryon humain dans le dossier « Égo » (VI, 18-9) figure aussi dans le classement « Poèmes et PPA » (voir *C2*, 1645/n.1243).

4. Textes des « Poèmes et PPA » des *Cahiers* qui sont compris dans des rubriques spécifiquement poétiques des *Œuvres* (« Poésie brute » et « Poésie perdue ») :

V, 163-4/*TQ*, 658-9 ; 848-9/*M*, 357–9 ;  VII, 409/*TQ*, 656-7 ;
VIII, 151/*M*, 355-6 ; 259/*TQ*, 661 ;  IX, 467/*TQ*, 656 ;
XII, 295/*M*, 353 ;  XIII, 41/*M*, 354-5 ;
XIV, 583/*M*, 354 ;  XVI, 204/*M*, 354 ;
XVII, 475/*M*, 352-3.

5. Textes portant une classification poétique dans les *Cahiers*, mais qui figurent dans les *Œuvres* sans classification :

V, 34 (marqué « *P*[*etit*] *P*[*oème en*] *P*[*rose*] » dans les *Cahiers*)/*MT*, 42 ;

VII, 78/*TQ*, 602-3 ; 118 (marqué « PPA » dans les manuscrits, Cahier « I », mai–octobre 1918, p. 120)/*MT*, 43 ; 122/*TQ*, 606 ; 217/*MT*, 42-3 (retient le titre « Poème », mais est publié dans le contexte des « Extraits du log-book » de Monsieur Teste) ; 252/*MT*, 43 ; 396/*TQ*, 695 ; 720/*MP*, 806 (marqué « PPP » dans les *Cahiers*) ;

IX, 198/*M*, 355.

6. Textes des *Cahiers* qui ne sont pas classés, mais qui figurent sous des rubriques spécifiquement poétiques des *Œuvres* :

III, 742/*M*, 352 ;

IV, 684 (« *Psaume sur une voix* », ne porte pas de titre dans les *Cahiers*)/*TQ*, 682 ;

XVII, 446/*M*, 353 ;

XVIII, 206/*Œ*, II, 1524 (intitulé « *Observation poétique* » dans une version remaniée).

7. Passage inclus dans le «Dossier 562 de l'inventaire Rousseau» («Impressions», «PPA», «Sensibilia», «Fragments») comme texte poétique (voir *infra* : PROSE POÉTIQUE).

8. «*Si nous faisons abstraction complète de ce qui est adjoint à la vision, n[ou]s pouvons toujours considérer ce qui est reçu de l'expérience immédiate comme un désordre et une multiplicité de choses privées-de-signification,* isolées, *infranchissables, sans issue, sans relations,* muettes – L'être*»* (*C1*, 616-7).

9. *Monsieur Teste* («*Je suis étant, et me voyant ; me voyant me voir, et ainsi de suite...*»; *MT*, 25 ) ou *La Jeune Parque* («*Je me voyais me voir, sinueuse* [...]»; *JP*, 97). Cette tendance est poussée très loin dans des analyses des *Cahiers*, par exemple :

*Je pense que je pense que je pense etc.,*

$$f(f(f(.x)$$

*Cette répétition d'une forme qui perd très vite*
*toute signification donne donc des résultats* imaginaires.          (*C*, VII, 401)

10. Nous rencontrons souvent dans les *Cahiers* des idées à l'état d'ébauche, où se manifeste le désir de trouver une forme affective capable d'exprimer tout ce qu'elles contiennent de création en puissance. Par exemple : III, 749 («*Le Poème du Problème*»); VII, 164 («*Le Poème des Ordres de Grandeur*»); 528 («*Le Poème du Souffle*»); XV, 828 («*Le Poème de celui qui se réveillerait dans un milieu différent*»); XVI, 283 («*Alphabet ou Poème*»); XVIII, 266 («*Poème – Logique*»); XIX, 61 («*Poème : les sensations de l'arbre*»); XXII, 11 («*Alphabet – le poème du cœur*»); XXIV, 831 («*Poème de la Partition d'Orchestre*»); XXVII, 678 («*Poème de la non-réussite*»). Il existe aussi un «*Sujet de* poème» (IX, 751) sur Einstein et le calcul différentiel, compris dans le dossier «Sujets».

11. F. DE LUSSY, *La Genèse de "La Jeune Parque"* (Paris, Lettres Modernes, 1975) et J. ROBINSON, «L'Architecture ouverte de *La Jeune Parque*», *Poétique*, n° 37, 1979, pp. 63-82.

12. La tendance à travailler par des morceaux poétiques est accusée dans une lettre à Albert Mockel : «*Il y a de graves lacunes dans l'exposition et la composition. Je n'ai pu me tirer de l'affaire qu'en travaillant par morceaux. Cela se sent, et j'en sais trop sur mes défaites! De ces morceaux, il en est un qui, seul, représente pour moi le poème que j'aurais voulu faire. Ce sont les quelques vers qui commencent ainsi : "Ô n'aurait-il fallu, folle, etc."*» (*LQ*, 125). L'un des «Poèmes et PPA» (*C2*, 1305) s'inspire d'un élément spécifique de poésie pure, l'ouverture de *La Jeune Parque* («*Gémissement dans la nuit – "Qui pleure là..?"*»).

13. Textes des «Poèmes et PPA» des *Cahiers* qui figurent dans le cycle en prose de *Monsieur Teste* :

I, 728/*MT*, 57 ;
III, 437/*MT*, 40 ;
IV, 360/*MT*, 44 ;
VII, 118 (compris dans le classement «Égo», mais marqué «PPA» dans Cahier «I», mai–octobre 1918, p. 120)/*MT*, 43 ; 238/*MT*, 37 ; 252/*MT*, 43 ;

XII, 83/*MT*, 65-6 (textes fondés sur le noyau thématique de « *Cache ton Dieu* »).
D'autres exemples de la réutilisation de textes poétiques :
VII, 430/*E*, 116-7/*TQ*, 665 ;
VIII, 212/*V*, 1090-1/*TQ*, 667-8 ; 224/*TQ*, 666/*IF*, 199-200.

14.
*Diamant* −
[...] *le tailleur de diamants façonne les facettes de manière que le rayon qui pénètre dans la gemme par une facette ne peut sortir que par là même − Feu et éclat.*

*Belle image de ce que je pense sur la poésie retour du rayon verbal aux mots d'entrée.*                                                                                  (*C2*, 1115)

15. *La Jeune Parque* contient un exemple intéressant des difficultés qu'entraîne la modulation, à savoir l'attitude variable du poète par rapport à la représentation poétique du thème du suicide et de son point culminant, le cri ; voir :
− J. ROBINSON, « Un Nouveau visage de *La Jeune Parque* », *Bull. ÉV*, n° 25, p. 51, et « Les Cris refoulés de *La Jeune Parque* : le rôle de l'auto-censure dans l'écriture », pp. 411-32 in *Baudelaire, Mallarmé, Valéry : New Essays in Honour of Lloyd Austin* (Cambridge University Press, 1982) ; − M. T. GIAVERI, « La "Voix ignorée" de *La Jeune Parque* », *Bull. ÉV*, n° 29, 1982, pp. 45-60.

Florence de Lussy relève quelques-unes des versions différentes de ce point névralgique du poème qui pose un problème considérable de progression poétique (*op. cit.*, pp. 41, 97-8). Le texte, tel qu'il est, représente une atténuation du thème primitif, et supprime les éléments les plus extrêmes du substrat émotionnel.

16.
*Pourquoi avoir nommé* Dieu ?
[...]
*Avoir rendu semblable à un être et à une chose*
*La Réponse improférable,*
*L'Essentiel essentiellement niable*                                                               (*C2*, 673)

17.
[...]
*Étreinte toute du bien et du mieux, lutte qui se gonfle,*
*Mélange ; seul, on redevient ; seul on s'élève*
*Seul on ne pense plus, seul on veut, seul on est.*                                        (*C2*, 1246)

18. Signalé par J. Robinson dans sa « Préface » (*C1*, XXIV).

19. N. BASTET, « L'Expérience de la borne et du dépassement », et « Le Même avec le Même : le dialogue unitif et le troisième acte du *Solitaire* » ; J. DE BOURBON-BUSSET, *Paul Valéry ou le mystique sans Dieu* ; W. INCE, « Être, connaître et mysticisme du réel selon Valéry » ; J. LEVAILLANT, « Paul Valéry et la lumière », *Cahiers de l'Association Internationale des Études Françaises*, n° 20 (1968), pp. 179-89 ; J. ROBINSON, « Foi et mysticisme », pp. 200-16 in *L'Analyse de l'esprit dans les Cahiers de Valéry* ; P.-O. WALZER, « Introduction à l'érotique valéryenne », *Cahiers de l'Association Internationale des Études Françaises*, n° 17 (1965), pp. 217-29.

20. Psaumes des *Cahiers* :

IV, 452 ;
VIII, 488 ( « Éros » ) ; 577 ( « Poèmes et PPA » ) ;
X, 684 ; 721 ( « Sujets » ) ;
XI, 108 ( « Poèmes et PPA » ) ; 198 ;
XII, 83 ( « Poèmes et PPA » ) ; 783 ( « Poèmes et PPA » ) ;
XIII, 198 ( « Poèmes et PPA » ) ;
XVI, 31 ; 888 ;
XXI, 114 ; 870-1 ( « Thêta » ) ;
XXIII, 137 ; 392 ;
XXVI, 215 ; 222 ;

VII, 36 ( « Éros » ) ;
IX, 56 ( « Poèmes et PPA » ) ;

XV, 805 ;
XVII, 780 ( « Éros » ) ;
XXII, 291 ; 442 ; 561-2 ; 713 ;
XXIV, 691 ;
XXVII, 500.

Psaumes qui figurent dans les *Œuvres* :
*M*, 318, 319, 337, 338, 356-7 ;     *TQ*, 538, 668, 682, 809.

21. Porte la désignation « Psaume » dans l'édition Gallimard (Paris 1950) des « Histoires brisées » ; cité dans *La Jeune Parque et poèmes en prose* (préface et commentaire de Jean LEVAILLANT. Paris, Gallimard, Coll. « Poésie », 1974), pp. 90-1.

22. Voir *supra*, note 16.

23. Thème capital, qui revient plusieurs fois sous la plume de Valéry dans les « Poèmes et PPA » : « *J'ai* rencontré *Notre-Dame — Je veux dire qu'elle m'est apparue tout à coup* [...] *en objet inconnu* [...] » (*C2*, 1297) ; « *Que de choses tu n'as pas même vues, dans cette rue* [...]*, dans ta chambre* [...] » (1304).

24. Tiré du poème « *Entréme donde no supe...* » ( « J'entrai, mais point ne sus où j'entrais » ). Texte original :

*Estaba tan embebido*
*tan absorto y ajenado*
*que se quedó mi sentido*
*de todo sentir privado,*
*y el espíritu dotado*
*de un entender no entendiendo*
*toda ciencia trascendiendo.*

25. Tiré du poème « *Vivo sin vivir en mí...* » ( « Je vis sans plus vivre en moi » ). Texte original :

*Vivo sin vivir en mí*
*y de tal manera espero*
*que muero porque no muero.*

26.
*θ — Relligio —*
*Le Dieu*, lieu *des négations — In-fini*
                             *In-comparable*
                             *In-ef-fable*
                             *Im-matériel*
                             *In-créé*
                             *In-concevable.*     (*C2*, 669)

27.

*« Beau ».* [...]
*Caractères contradictoires –* Négatifs –
*Irréductibilité – Improbabilité.*
*Incontestabilité.*
*Évidence incompréhensible.*
Infini sous forme finie.                                    *(C2*, 982)

28. On sait la critique valéryenne de Freud : *« Le passage au langage articulé fait nécessairement intervenir des éléments d'un ordre tout autre que les éléments instantanés de la perception interne initiale brute »* (*C*, XIX, 81) – critique à laquelle des spécialistes ont apporté d'importantes nuances (dans *CPV 3* : *"Questions du rêve"*) – mais qui n'en pèse pas moins lourd sur la conception valéryenne des rapports entre la langue et les événements psychiques.

29.

Car voici, l'hiver est passé ;
La pluie a cessé, elle s'en est allée.              (Cn II, 11)

30.

Ouvre-moi, ma sœur, mon amie,
Ma colombe, ma parfaite !                              (Cn V, 2)

31.

J'ai cherché celui que mon cœur aime ;
Je l'ai cherché, et je ne l'ai point trouvé...      (Cn III, 1)

32.

Je suis un narcisse de Saron,
Un lis des vallées. –
Comme un lis au milieu des épines,
Telle est mon amie parmi les jeunes filles.       (Cn II, 1-2)

33.

Que tu es belle, mon amie, que tu es belle !
Tes yeux sont des colombes.                            (Cn I, 15)

34. Signalé par J. ROBINSON, « Réflexions sur les poèmes en prose de Valéry », *Bull. ÉV*, nᵒ 23, 1980, p. 28.

35. « L'expression de l'amour dans l'expérience mystique ne peut être expliquée par quelque procédé linguistique que ce soit », [trad. de] p. 1, « Prologo », *Cantico espiritual* in San JUAN DE LA CRUZ, *Poesias completas*, edición por Jose Manuel BLECUA (Zaragoza, Editorial Ebro, 1976).

36. Les « gémissements ineffables » rendraient sensibles « ce qui reste au-delà de notre entendement, dans le but de le manifester » (*ibid.*).

37. Analyses dans les *Cahiers* de mots spécifiques qui, selon Valéry, ont perdu la force de leur fond sémantique :
Temps/Espace V, 124 ;
Être II, 456 (« Philosophie »), 739 (« Philosophie ») ;
On XV, 133 (« Langage ») ; XVII, 207 (« Langage »), 236 ;
Pourquoi/Comment I, 512 ; III, 798 ; IV, 210, 900, 903 ; VI, 244 ; XIII, 403,

483 ; XVI, 438 ; XVII, 714 ; XIX, 52, 431 ; XX, 449, 725, 916 ; XXIII, 551, 643 ; XXIV, 89, 233, 316-7, 879 ; XXVII, 103 ; XXVIII, 200 ;
Maintenant XVI, 764 ;
Si II, 700 ; XVI, 82, 613, 641 ; XVII, 70, 651 ; XX, 108, 253, 263 ;
Civilisation XX, 695 ;                           Volonté XXII, 802 ;
Siècle XXVII, 539 ;                              Eau VIII, 761 («Philosophie»);
Mer IX, 55.

38. André BRETON, *Manifestes du Surréalisme* (Paris, Gallimard, 1966) : «*Comparer deux objets aussi éloignés que possible l'un de l'autre, ou, par tout autre méthode, les mettre en présence d'une manière brusque et saisissante, demeure la tâche la plus haute à laquelle la poésie puisse prétendre.*» (p. 52).

39.
*Chose rares ou choses belles*
   *Ici savamment assemblées*
   *Instruisent l'œil à regarder*
      *Comme jamais encore vues*
   *Toutes choses qui sont au monde*                      (*ŒE*, II, 1582)

40. «*Teste — Je ne suis pas tourné du côté du monde... J'ai le visage vers le mur. Pas un rien de la surface du mur qui me soit inconnu.*» (*C2*, 1428). Le motif du mur revient à plusieurs reprises dans les *Cahiers*, normalement dans le contexte de la contemplation («*De certains murs*» ; *C*, IV, 418 ; «*Méditation sur les roses du mur*» ; X, 432), mais de temps à autre aussi comme image poétique (les textes III, 7 et IV, 374 des « Poèmes et PPA »).

41. Le thème de la larme figure aussi bien dans les « Poèmes et PPA » que dans des ouvrages publiés tels que *La Jeune Parque* (dont toute une section, vv. 280-303, traite de l'épisode émotif de la larme qui sourd) et le « Dialogue de l'arbre » («*la source des pleurs*» du chant de Tityre ; *DA*, 183).

42. Par exemple, la préface de Valéry aux *Poèmes chinois* de T'ai Yuan Ming, traduits par Liang Tsong Tai (*PA*, 1266-71) ; des essais divers dans *Regards sur le monde actuel* («Le Yalou», «Orient et occident») ; l'essai «*Orientem versus*» ; une allusion au peintre japonais Hokusai dans «Poïétique» (*C2*, 1050). J. Hytier (*ŒE*, II, 1572/n. 1266) résume d'autres contacts avec la littérature japonaise.

43. Retraduit d'après la traduction anglaise de R. H. Blyth, *Haiku* (Tokyo, Hokuseido, 1949-1952), vol. III, p. 338.

44. *Ibid.*, II, p. 202.

45. *Ibid.*, III, p. 229.

46. Dans le vers final de I, 62 (« Poèmes et PPA »), le champ de la perception s'ouvre tout à coup en une image inattendue, tant du côté conceptuel que de celui de la structure syntaxique :
*J'ai pensé à des choses chéries, fondantes*
      *à Cauchy, à Faraday,*
      *à l'art de construire*
      *[...]*
   *la lune, là, comme une bougie.*

47.

*Tout à coup, [l'homme] s'avise d'être plongé dans le non-sens, dans l'incommensurable, dans l'irrationnel; et toute chose lui apparaît infiniment étrangère, arbitraire, inassimilable. Sa main devant lui lui semble monstrueuse.*
[...]

    *C'est que je considère cet état proche de la stupeur comme un point singulier et initial de la connaissance. Il est le* zéro absolu *de la Reconnaissance.* [...]

    *La philosophie et les arts, – disons même la pensée en général – vivent des* mouvements *qui s'effectuent entre connaissance et re-connaissance.*    (TQ, 721)

48.

    *Comme le fruit se fond en jouissance,*
    *Comme en délice il change son absence*
    *Dans une bouche où sa forme se meurt,*
    *Je hume ici ma future fumée,*                  (Ch, 148)

49. Préface au commentaire de *Charmes* par Alain (Paris, Gallimard, 1929).

50. Tzvetan TODOROV, « La " poétique " de Valéry », *CPV1*, 1975 : « *Valéry est donc tout aussi étranger à un biographisme causaliste, qui essaie d'expliquer l'œuvre individuelle par les circonstances de sa création, qu'à un objectivisme essentialiste, qui décrit le discours littéraire plutôt que l'acte de sa production.* » (p. 127).

51. S. Bernard dans son étude du *Poème en prose* (Paris, Nizet, 1959) ne mentionne qu'en passant le poème en prose « L'Ange » de Valéry (p. 762, n. 402).

52. Nathalie SARRAUTE, *L'Ère du soupçon* (Paris, Gallimard, 1956), p. 8.

53. « Au sujet d'Adonis » (*V*, 476).

## BIBLIOGRAPHIE SÉLECTIVE

Ne figurent ci-dessous que des livres et des articles portant directement sur l'orientation particulière de cette étude. Le deuxième volume des *Œuvres* (édition établie par Jean HYTIER, Paris, Gallimard, « Bibliothèque de la Pléiade », 1960), réimprimé en 1977, contient une importante bibliographie d'études valéryennes, révisée et remise à jour. Le « Carnet bibliographique » de la Série *Paul Valéry,* années 1978 à 1981, nouvelle formule (fascicule indépendant), et qui prend la suite des « Carnets bibliographiques » publiés par Peter HOY dans les trois premières livraisons de la Série, est sous presse au moment où nous corrigeons cette bibliographie.

# ŒUVRES DE PAUL VALÉRY

*Cahiers* (fac-similé intégral, tomes I à XXIX). Paris, C.N.R.S., 1957–1962.

*Cahiers, I.* Édition [d'un choix de textes] établie, présentée et annotée par Judith ROBINSON. Paris, Gallimard, 1973. XLII-1491 p. («Bibliothèque de la Pléiade» 242).

*II.* Édition [d'un choix de textes] établie, présentée et annotée par Judith ROBINSON. Paris, Gallimard, 1974. X-1757 p. («Bibliothèque de la Pléiade» 254).

Poèmes en prose des *Cahiers*, publiés soit dans des livres soit dans des revues :

«A B C», *Commerce*, automne 1925, V.

«Petits Poèmes abstraits», *Revue de France*, janv.-févr. 1932, 12e an., no 1, pp. 47-52. [ «*Avant toute chose*», «*L'Unique*», «*Accueil du jour*», «*La Rentrée*».]

«Alphabet...», *La Nouvelle revue française*, no 224, août 1971, pp. 12-16. [Les lettres G, L, P, Q, V.]

«Esquisse d'un Poème de l'approche», et «Esquisse d'un Poème», *La Nouvelle revue française*, no 224, août 1971, pp. 17-8.

*"La Jeune Parque" et poèmes en prose*. Préface et commentaires de Jean LEVAILLANT. Paris, Gallimard, 1974. 189 p. (Coll. «Poésie» 102).

«Poèmes et PPA», pp. 1243-306 in *Cahiers II*.

«D'un Alphabet» (trois inédits de Paul Valéry, présentés par Agathe ROUART-VALÉRY), *Nouvelle Revue des deux mondes*, oct. 1974, pp. 5-9. [Les lettres F, G, H.]

«Au commencement sera le Sommeil», pp. 211-2 in *Cahiers Paul Valéry 1*. [Premier poème en prose de l'*Alphabet*.]

*Alphabet*. Édition originale établie par Agathe ROUART-VALÉRY. Paris, Librairie Auguste Blaizot, 1975. [Édition originale tirée à 180 exemplaires sur Arches.]

120

# ÉTUDES SUR VALÉRY

BACHAT, Charles, « La Tentation mystique chez Paul Valéry et Joë Bousquet », *Bulletin des études valéryennes*, 3e an., no 15, sept. 1977, pp. 25-32. [Suivi d'une discussion : pp. 33-8.]

BASTET, Ned, « Œuvre ouverte et œuvre fermée chez Valéry », *Annales de la Faculté des lettres et sciences humaines de Nice*, no 2, 1967, pp. 103-20.

BASTET, Ned, « Valéry et la voix poétique », pp. 41-50 in *Approches. Essais sur la poésie moderne de langue française* [Avant-propos de Jean ONIMUS. Paris, Les Belles-Lettres, 1971. 171 p. («Annales de la Faculté des lettres et sciences humaines de Nice», 15)].

BASTET, Ned, « Valéry et la clôture tragique », *Australian Journal of French Studies*, VIII, no. 2, May-Aug. 1971, pp. 103-17.

BASTET, Ned, « L'Enfant qui nous demeure », pp. 87-97 in *Entretiens sur Paul Valéry* [Montpellier].

BASTET, Ned, « L'Expérience de la borne et du dépassement chez Valéry », pp. 57-90 in *Cahiers Paul Valéry 1*.

BASTET, Ned, « Le Même avec le Même : le dialogue unitif valéryen et le troisième acte du "*Solitaire*" », *Bulletin des études valéryennes*, 8e an., no 28, nov. 1981, pp. 19-40.

BISSON, L.A., « A Study in "Le faire valéryen" », *French Studies*, X, no. 4, Oct. 1956, pp. 309-21.

BLÜHER, Karl Alfred, « L'Instant faustien — la quête du bonheur dans le mythe de Faust, de Goethe à Valéry », *Bulletin des études valéryennes*, 3e an., no 11, oct. 1976, pp. 32-47.

BOURBON-BUSSET, Jacques. *Paul Valéry ou le mystique sans Dieu*. Paris, Plon, 1964. 188 p.

BOURJEA, Serge, « La Fonction nocturne dans l'imaginaire valéryen », *Bulletin des études valéryennes*, 3e an., no 10, juill. 1976, pp. 32-49. [Suivi d'une discussion : pp. 50-4.]

BOURJEA, Serge, « "L'Ennemi du tendre" », *Bulletin des études valéryennes*, 7e an., no 24, juin 1980, pp. 33-48.

*CAHIERS PAUL VALÉRY*. Éd. Jean LEVAILLANT et Agathe ROUART-VALÉRY. Paris, Gallimard, 1975→

    *1* : *"Poétique et poésie"*. 1975. 241 p.

    *2* : *"Mes théâtres"*. 1977. 314 p.

    *3* : *"Questions du rêve"*. 1979. 308 p.

CELEYRETTE-PIETRI, Nicole. *Valéry et le Moi. Des "Cahiers" à l'œuvre*. Paris, Klincksieck, 1979. 405 p. (Coll. «Bibliothèque française et romane : série C, Études littéraires», 73).

CROW, Christine Mary. *Paul Valéry. Consciousness and Nature*. Cambridge University Press, 1972. XIII-270 p.

CROW, Christine Mary. *Paul Valéry and the Poetry of Voice*. Cambridge University Press, 1982. XVIII-302 p.

DANIEL, Vera, «Introduction», pp. 7-47 in VALÉRY, *Eupalinos and L'Âme et la Danse* [Oxford University Press, 1967. 217 p.].

DEGUY, Michel, «Deux poétiques de Valéry?», *La Nouvelle revue française*, nº 224, août 1971, pp. 1-6.

*Entretiens sur Paul Valéry*. Actes du colloque de Montpellier des 16 et 17 octobre 1971 (Université Paul-Valéry). Textes recueillis par Daniel MOUTOTE. Paris, Presses Universitaires de France, 1972. 194 p. (Coll. «Publications de l'Université Paul-Valéry de Montpellier»).

FRANKLIN, Ursula, «The White night of *Agathe:* a fragment by Paul Valéry», *Essays in French Literature* [University of Western Australia], no. 12, Nov. 1975, pp. 37-58.

FRANKLIN, Ursula, «Toward the prose fragment in Mallarmé and Valéry: *Igitur* and *Agathe*», *The French Review*, XLIX, no. 4 March 1976, pp. 536-48.

FRANKLIN, Ursula, «Paul Valéry, prose poet: structural variations on a theme: the mobile fragments of Valéry's prose "Aubades"», *Michigan Academician*, X, no. 2, Fall 1977, pp. 163-79.

FRANKLIN, Ursula, «Séminaire du Centre d'Études valéryennes : Valéry et le poème en prose», *Bulletin des études valéryennes*, 5e an., nº 21, juin 1979, pp. 33-48. [Voir le débat à ce propos :

*Bulletin des études valéryennes*, 6ᵉ an., n° 22, janv. 1980, pp. 61-70]

FRANKLIN, Ursula. *The Rhetoric of Valéry's Prose Aubades*. Toronto, Toronto University Press, 1979. 154 p.

GALAY, Jean-Louis, «Problèmes de l'œuvre fragmentale : Valéry», *Poétique*, n° 31, sept. 1977, pp. 337-67.

GENETTE, Gérard, «La Littérature comme telle», pp. 253-65 in *Figures I* [Paris, Seuil, 1966. 265 p.].

HYTIER, Jean. *La Poétique de Valéry*. Paris, Armand Colin, 1953. 312 p.

HYTIER, Jean, «Les Engouements de Valéry», *French Studies*, XXXVI, no. 4, October 1982, pp. 427-44.

INCE, Walter. *The Poetic Theory of Paul Valéry – inspiration and technique*. Leicester, Leicester University Press, 1961. 187 p.

INCE, Walter, «Être, connaître et mysticisme du réel», pp. 203-28 in *Entretiens sur Paul Valéry* [Décades du Centre culturel international de Cerisy-la-Salle. Ed. Émilie NOULET. Paris, Mouton, 1968. 415 p.].

INCE, Walter. *Poetry and Abstract Thought*. Southampton, University of Southampton Press, 1973. 23 p.

LANFRANCHI, Geneviève. *Paul Valéry et l'expérience du moi pur*. Lausanne, Mermod, 1958. 62 p.

LAURENTI, Huguette. *Paul Valéry et le théâtre*. Paris, Gallimard, 1973. 359 p. (Coll. «Bibliothèque des idées»).

LAZARIDÈS, Alexandre. *Valéry, Pour une poétique du dialogue*. Montréal, Presses de l'Université de Montréal, 1978. 258 p.

LIVNI, Abraham. *La Recherche du Dieu chez Paul Valéry*. Montréal, Presses de l'Université de Montréal, 1977. 544 p.; Paris, Klincksieck, 1978. 508 p.

LUSSY, Florence DE. *La Genèse de "La Jeune Parque" de Paul Valéry. Essai de chronologie*. Paris, Lettres Modernes, 1975. 175 p. (Coll. «Situation» 34).

MANSUY, Michel, «L'Imagination de Paul Valéry dans les dialogues à personnages antiques», *Bulletin des études valéryennes*, 3ᵉ an., nᵒ 12, janv. 1977, pp. 31-40.

MARCOU, André, « L'un et l'autre centaure et d'autres propos », *Le Centaure*, 1ᵉʳ mars 1932, pp. 1-3.

MATHEWS, Jackson, « The Poïetics of Paul Valéry », *The Romanic Review*, XLVI, no. 3, Oct. 1955, pp. 203-17.

NADAL, Octave, « Preface », pp. XI-XXIX in *Poems in the Rough* [Translated by Hilary CORKE. *The Collected Works of Paul Valéry*. Ed. Jackson MATHEWS. London, Routledge and Kegan Paul, 1969. T. II, 323 p.].

PICKERING, Robert, « Energy and integrated poetic experience in the abstract poetic prose of Valéry's *Cahiers* », *Australian Journal of French Studies*, XVI, Part 2, Jan.-April 1979, pp. 244-56.

PICKERING, Robert, « La Prose poétique des *Cahiers* : l'élaboration difficile d'une synthèse de la perception », *Bulletin des études valéryennes*, 5ᵉ an., nᵒ 20, mars 1979, , pp. 13-5. [Résumé de thèse.]

PICKERING, Robert, « Le Lyrisme mystique chez Valéry : "Éros", "Thêta" et la prose poétique des *Cahiers* », *Bulletin des études valéryennes*, 8ᵉ an., nᵒ 26, mars 1981, pp. 41-56.

PICKERING, Robert, «" Je manque de mots " : Limits of Self-Expression in the Lyrical Prose of Valéry's *Cahiers* », *Australian Journal of French Studies*, XVIII, no. 1, Jan.-April 1981, pp. 39-55.

PICKERING, Robert, « Genèse et techniques des "Poèmes et PPA" : implexe, tropisme et le principe d'association », *Bulletin des études valéryennes*, 9ᵉ an., nᵒ 30, juin 1982, pp. 21-49.

PICKERING, Robert, « Valéry's "Poèmes et petits poèmes abstraits " : a general introduction », *The Modern Language Review*, LXXVII, Oct. 1982, pp. 815-28.

*Poétique et communication : Paul Valéry*. (Colloque international de Kiel, 19-21 octobre 1977). Ed. Karl Alfred BLÜHER et Jürgen SCHMIDT-RADEFELDT. Paris, Klincksieck, 1979. 259 p. (Coll. « Cahiers du 20ᵉ siècle » 11).

ROBINSON, Judith, « Language, physics and mathematics in Valéry's *Cahiers* », *The Modern Language Review*, LV, Oct. 1960, pp. 519-36.

ROBINSON, Judith, «The Place of literary and artistic creation in Valéry's thought», *The Modern Language Review*, LVI, Oct. 1961, pp. 497-514.

ROBINSON, Judith. *L'Analyse de l'esprit dans les "Cahiers" de Valéry*. Paris, Corti, 1963. 222 p.

ROBINSON, Judith, «New light on Valéry», *French Studies*, XXII, no. 1, Jan. 1968, pp. 40-50.

ROBINSON, Judith, «Valéry, the anxious intellectual», *Australian Journal of French Studies*, VIII, no. 2, May-Aug. 1971, pp. 118-138.

ROBINSON, Judith, «L'Architecture ouverte de *La Jeune Parque*», *Poétique*, no 37, févr. 1979, pp. 63-82.

ROBINSON, Judith. *Rimbaud, Valéry et "l'incohérence harmonique"*. Paris, Lettres Modernes, 1979. 80 p. (Coll. «Archives des lettres modernes» 184 ; «Archives Paul Valéry» 3).

ROBINSON, Judith, «Réflexions sur les poèmes en prose de Valéry», *Bulletin des études valéryennes*, 7e an., no 23, mars 1980, pp. 23-30.

SCARFE, Francis. *The Art of Paul Valéry : a Study in dramatic monologue*. London, Heinemann, 1954. 338 p.

SCHMIDT-RADEFELDT, Jürgen. *Paul Valéry linguiste dans les "Cahiers"*. Paris, Klincksieck, 1970. 202 p.

SCHMIDT-RADEFELDT, Jürgen, «Paul Valéry et les sciences du langage», *Poétique*, no 31, sept. 1977, pp. 368-85.

YESCHUA, Silvio. *Valéry, le roman et l'œuvre à faire*. Paris, Lettres Modernes, 1976. 209 p. (Coll. «Bibliothèque des lettres modernes» 26).

# PROSE POÉTIQUE DES «CAHIERS»

Listes fournies uniquement à titre indicatif, pour plusieurs raisons : le dossier «Poèmes et PPA» lui-même, établi par Valéry, ne représente qu'une sélection plutôt qu'un relevé exhaustif de la prose poétique des *Cahiers* ; l'imbrication dans l'attitude de Valéry envers la prose poétique et le conte suggère que le classement «petit poème abstrait» brasse également le dossier «Sujets», par exemple, comme aussi des œuvres telles que «L'Ange», «Agathe» ou «La Révélation anagogique» ; les nombreux passages lyriques ou fragments poétiques des *Cahiers* qui ne sont pas classés par Valéry sont exclus.

## I

| ( ) | indique que le texte est inclus dans le classement «Poèmes et PPA» |
|---|---|
| «romain» | «Poème» est compris dans le sens de projet virtuel ou de brouillon poétique |
| «*PPA*»ms | porte le sigle «*PPA*» uniquement dans les manuscrits des *Cahiers* |
| «*PPA*»dact. | porte le sigle «*PPA*» en tête de textes dactylographiés pris des *Cahiers*, conservés à la Bibliothèque Nationale |
| «*P*»dact. | porte le sigle «*P*» [Poème] dans des textes dactylographiés pris des *Cahiers* (dossier conservé à la Bibliothèque Nationale) |

## II

Choix d'allusions des *Cahiers* à des textes écrits en prose poétique :

« L'Île Xiphos »
XXIII, 532   XXV, 476, 838   XXVI, 162, 900
« Agathe »
XXIX, 581
« La Révélation anagogique »
XXI, 70-2
« L'Ange »
IV, 705   VIII, 370   XV, 716   XVII, 791   XXIII, 464
« Histoire de Boris »
XI, 818   XII, 210   XIII, 697   XIX, 594   XXII, 869   XXIV, 850


## III

Allusions des *Cahiers* au « petit poème abstrait » :
V, 648   VI, 477   VII, 16, 227   VIII, 586   XI, 472, 518, 539
XIV, 764   XV, 543   XVI, 341   XXIV, 575-6   XXIX, 709

Choix d'allusions des *Cahiers* au « poème en prose » :
V, 648   VI, 253, 454   XIII, 3   XX, 437   XXIII, 193-4   XXVIII,
412, 424, 425

Choix d'allusions des *Cahiers* au « psaume » et à la « prière » :
I, 251   VI, 429, 707   VII, 136, 177, 238, 701, 787   XXII, 211,
601,   XXIII, 73   XXIV, 228   XXVIII, 303

La liste suivante comporte les textes d'un dossier conservé à la Bibliothèque Nationale, portant le titre : «Début du dossier 562 de l'inventaire Rousseau : *Impressions*». Ce dossier fait partie de l'inventaire des *Cahiers* établi en 1958-1959 par M<sup>lle</sup> Denise Rousseau (voir *C1*, 1373), et contient de nombreux textes dactylographiés (tous tirés de *C*, IV, V, VI et VII, c'est-à-dire d'une période d'invention poétique particulièrement féconde), qui prennent souvent le nom de rubriques de «poésie brute» des *Œuvres* («Instants», «Au hasard et au crayon», etc.). Au surplus, le sous-titre («Impressions, PPA, Sensibilia, Fragments»), en réunissant quelques-unes des rubriques qui constituent le titre «PPA» du classement de Valéry (voir *C1*, 1423), met le dossier en étroit rapport complémentaire avec les «Poèmes et PPA».

### *C*, IV

| | | | |
|---|---|---|---|
| 356 | «*La guerre seule...*» | 356 | «*Celui qui caresse...*» |
| 360 | «*L'homme de verre...*» («Poèmes et PPA») | | |
| 374 | «*En regardant...*» («Poèmes et PPA») | | |
| 374 | «*Le théâtre, couleur...*» | 374 | «*Voici nos mythes..*» |
| 375 | «*Minutes...*» («Poèmes et PPA») | | |
| 375 | «*Rêve de psychologue...*» | 376 | «*Imagine un fluide...*» |
| 377 | «*Tout l'homme...*» | 380 | «*Figure des bénéfices...*» |
| 382 | «*Tout l'homme est en raccourci...*» | | |
| 383 | «*La mode...*» | 405 | «*Un navire!...*» |
| 433 | «*Où cacher cet objet...*» | 439 | «*La nature aveugle...*» |
| 444 | «*– Éveillé...*» («Poèmes et PPA») | | |
| 449 | «*Je suis monté...*» («Poèmes et PPA») | | |
| 452 | «*Je vis P...*» | 454 | «*Pas avec les doigts!...*» |

131

## *C*, VI

## *C*, VII

## REMERCIEMENTS

*Madame Judith Robinson-Valéry, pour sa remarquable expertise des* Cahiers *de Paul Valéry, et pour d'innombrables suggestions dont j'ai pu profiter au cours de la mise au point du manuscrit,*
*Madame Huguette Laurenti, en encourageant mon propos de mieux cerner un aspect assez négligé des études valéryennes,*
*ont l'une et l'autre droit à ma reconnaissance.*

*Je dois aussi des remerciements : à M. Claude Valéry qui m'a fait largement profiter de ses connaissances privilégiées de l'œuvre et de la vie de Paul Valéry; à Mademoiselle Vera Daniel, mon ancienne directrice de thèse à l'Université d'Oxford en Angleterre ; ainsi qu'à M. Vincent Giroud et M. René De Rôme.*

## CRÉDIT

*Je remercie les Directeurs des revues* Australian Journal of French Studies, Bulletin des Études valéryennes *et* Modern Language Review
*qui m'ont gracieusement autorisé à reproduire certains extraits d'articles déjà parus sous leurs auspices.*

# TABLE

*exemplaire conforme au Dépôt légal de juillet 1983*
*bonne fin de production en France*
*Minard  73  rue du Cardinal-Lemoine  75005 Paris*